Para el Departamento
de Estudios Hispánic
Brown University:

Saludos desde Puerto
Presente en el libro. Gracias
por las experiencias

*[signature]*
11/95

# El ROSTRO
# Y
# LA MÁSCARA

SARADIRIZARRY*EDGARDONIEVESMIELES*MARCELINORESTOLEON
LUISRAULALBALADEJO*GEORGIANAPIETRI*DINORAHCORTESVELEZ
MARUANTUÑANO*INGRIDCRUZBONILLA*JOSELIBOYERBA*DIEGODENI

# EL ROSTRO
# Y
# LA MÁSCARA

ANTOLOGÍA ALTERNA DE CUENTISTAS

PUERTORRIQUEÑOS CONTEMPORÁNEOS

Selección y prólogo
José Angel Rosado

INE
Editorial
Isla
Negra

EDUPR
Editorial de
la Universidad
de Puerto Rico

Catalogación de la Biblioteca del Congreso

Library of Congress Cataloging-in-Publication Data

El rostro y la máscara : antología alterna de cuentistas
   puertorriqueños contemporáneos / selección y prólogo, José Angel
   Rosado.
        p.      cm.
     Includes bibliographical refences (p.           ).
     ISBN 0-8477-0240-5 (pbk . )
     1. Short stories, Puerto Rican.  2. Puerto Rican fiction--20th
   century.  I. Rosado, José Angel.
   PQ7436.S5R6  1995
   836'. 010897295--dc20                              95-22182
                                                        CI P

Edición: Carlos Roberto Gómez Beras
Arte gráfico: Iván Figueroa Luciano
Tipografía y diseño: Grupo Isla Negra
Fotografías: Alina Luciano

Impreso en los Estados Unidos de América
Printed in the United States of America

_____

EDITORIAL ISLA NEGRA
Apartado 22648
Estación de la Universidad
San Juan, Puerto Rico 00931-2648

_____

EDITORIAL DE LA UNIVERSIDAD DE PUERTO RICO
Apartado 23322
Estación de la  Universidad
San Juan, Puerto Rico 00931-3322

VI

# Contenido

## NOTA INICIAL

*A mediados de 1991 como un tema en una tertulia literaria comenzó el proyecto editorial que el lector tiene hoy en sus manos.* El rostro y la máscara *es el producto final de una labor que durante estos años hemos realizado y que siempre tuvo entre sus objetivos establecer un nuevo estilo editorial en Puerto Rico. Bastará mencionar algunos de los detalles que creemos sirvieron para acercarnos a esta meta.*

*La recopilación inicial de los cuentos se hizo a través del método tradicional de "pasar la voz" y que movió a dieciocho (18) escritores a aventurarse en la empresa. Este mecanismo, aunque extendió considerablemente el tiempo de esta fase inicial, nos aseguró un contacto directo con muchos autores que producían (y producen) desde la marginalidad literaria de la Isla; después de todo, nuestra búsqueda fue, desde sus inicios, de cuentistas más que de cuentos.*

*La selección final de los cuentistas requirió un intercambio epistolar previo con todos los escritores. El prologuista se lanzó a la intensa tarea de redactar una respuesta crítica a los cuentos sometidos (entre cuatro y seis por autor) por todos los participantes originales y continuarla después con los diez (10) autores seleccionados.*

*La fase de la publicación del libro nos llevó a comprobar que entre los altos costos de impresión y los escasos medios de difusión existe un abismo donde quedan atrapados muchos de los escritores contemporáneos en Puerto Rico. No es raro entonces que alguien pregunte, ¿dónde están los escritores jóvenes? Algunos de ellos están aquí.*

*Finalmente, es importante aclarar que no pretendemos rescatar la marginalidad con un mero gesto editorial; para lograrlo harían falta otros intentos alternativos, que ya hoy hacen otros, inclusive desde sus propios abismos.*

*Isla Negra, Editores*

# Prólogo

*Estando yo un día en el Alcaná de Toledo, llegó un muchacho a vender unos cartapacios y papeles viejos a un sedero; y como yo soy aficionado a leer, aunque sean los papeles rotos de las calles, llevado desta mi natural inclinación, tomé un cartapacio de los que el muchacho vendía, y vile con caracteres que conocí ser arábigos. Y puesto que aunque los conocía no los sabía leer, anduve mirando si parecía por allí algún morisco aljamiado que los leyese, y no fue muy dificultoso hallar intérprete semejante, pues, aunque le buscara de otra mejor y más antigua lengua, le hallara. En fin, la suerte me deparó uno, que, diciéndole mi deseo y poniéndole el libro en las manos, le abrió por medio, y leyendo un poco en él, se comenzó a reír.*

Miguel de Cervantes Saavedra

*Ah, claro. ¿Dije que soy autor? Escribo cuentos cortos y dejo que la vida se me agujeree con oraciones que solamente yo comprendo. Por eso soy un autor. No. No soy escritor. Escritores los periodistas de* El Día. *Los de* La Noche. *Los de* El Mundo. *Los de* El País. *Yo soy un autor con parttime de researcher y proyeccionista (aunque existe la posibilidad de que ser autor no es profesión alguna y soy tan sólo un proyeccionista con parttime de reseacher).*

Manuel Ramos Otero

# El rostro y la máscara: antología alterna de cuentistas puertorriqueños contemporáneos

José Angel Rosado

*A Georgiana, Yazmín y Chloé*

Publicar una antología de cuentos en Puerto Rico implica un deseo de apertura, de crear un espacio de reflexión y análisis con respecto a nuestra tradición narrativa. Partir de manuscritos poco difundidos –algunos publicados en revistas o suplementos culturales, otros completamente inéditos– y llevar a cabo un proceso de selección y orden posibilita, a su vez, una reformulación de los procesos de producción cultural y acercamiento crítico. Todo esto, obviamente, no es nada nuevo. Define, en gran medida, lo que es una antología; pues en ella acontecen momentos epifánicos donde el conjunto comprimido del texto facilita un contacto inicial con el presente caracterizándolo como espacio de coincidencia y diálogo entre el pasado y el porvenir. Desde el momento en que se va concibiendo el libro hasta que llega a ese lector o lectora virtual acontecen instantes de reflexión en los cuales se "reordena"–ha observado Julio Ortega–"nuestra relación con la historia literaria" (iii). La antología posibilita la reunión y difusión de unos cuentistas; se instala y reordena el sistema literario definiendo al que antaloga, confiriéndole una voz que tras cada cuento habla continuamente de sí.

Tal vez por esta razón las antologías de cuentos en Puerto Rico se distinguen por la creación de la crisis, por la intencionalidad de una voz que, definiendo su lugar en el devenir histórico-cultural, funde crítica y texto literario estableciendo dos categorías antológicas: las de anticipación, donde el antólogo vislumbra el porvenir, y las de ajustes, en las cuales el presente pretende llenar los olvidos u omisiones del pasado.

Las antologías *Cuentos puertorriqueños de hoy* (1959) de René Marqués, *Apalabramiento. Diez cuentistas puertorriqueños de hoy* (1983) de Efraín Barradas y *Reunión de espejos* (1983) de José Luis Vega, se pueden situar como pertenecientes a la categoría inicial. En estos casos se parte de obras previamente publicadas, estableciéndose, a través de los conceptos de fundación y novedad, una cierta distancia temporal entre el libro particular del autor situado en el pasado y la antología que medita desde el presente. Para René Marqués, la colección *El hombre en la calle* (1948), escrito por José Luis González, inicia la exploración del espacio urbano y funda la promoción de los Cuarenta. Lo nuevo parte desde el hoy, desde el género en floreciente desarrollo con respecto al ayer de los ensayistas de la Generación de los Treinta. Una situación semejante observan José Luis Vega y Efraín Barradas en el libro *En cuerpo de camisa* (1966) de Luis Rafael Sánchez. Para ellos, Sánchez inicia una escritura de corte y lenguaje popular que, apartándose del realismo representativo de la Generación del Cuarenta, da pie a un nuevo corpus narrativo. Lo apalabrado junto a los juegos de espejos configuran la actualidad, revisan la narrativa desarrollada durante los setenta, reconocen su gran calidad literaria y anticipan su amplia difusión y éxito. El devenir cultural y literario se redefine a través de la voz del antólogo quién, oscilando entre lo nuevo y lo fundacional, parte no de su presente particular sino del pasado, de esa obra que circulando, tal vez, con poco éxito en aquél momento, provee los rasgos definidores de la frontera entre el ayer y el hoy.

Este proceso, no obstante, nunca puede ser totalizador. La intencionalidad del antólogo, sus "gustos y prejuicios"–advierte Barradas–y el carácter de muestra en toda antología propician la omisión y el olvido. A la omisión y el olvido se acercan las antologías *Aquí cuentan las mujeres* (1990) de María M. Solá y *Del silencio al estallido: narrativa femenina puertorriqueña* (1991) de Ramón Luis Acevedo. En ambas colecciones, los libros de Barradas y Vega, sirven de punto de partida para explorar más a fondo la muestra femenina que afloró durante las dos décadas previas. Frente al "boom" femenino de los ochenta– Rosario Ferré, Ana Lydia Vega, Carmen Lugo Filippi, Magali García Ramis y Mayra Montero–los relatos de Violeta López Suria, Edelmira González Maldonado, Aracelis Nieves Maysonet,

Olga Nolla y Lourdes Vázquez coinciden en las antologías intentando corregir omisiones. En los estudios preliminares, que cuentan con una extensa bibliografía, se explora la aportación literaria femenina reformulando y ampliando la tradición en una doble perspectiva: se traza históricamente sus diversas manifestaciones–desde fines del siglo XIX hasta el presente– obligando a reconsiderar el acercamiento crítico-literario previo.[1] Aunque Solá advierte que su libro no "es una antología" y que el ensayo no es "un recuento o estudio histórico-literario" (11), su acercamiento crítico propicia una relectura. El mismo concepto de que "aquí cuentan" implica, retrospectivamente, un proceso de inclusión y ajuste con respecto a la escritura en Puerto Rico. Acevedo, en cambio, escribe que la década del ochenta "trae la consolidación y el reconocimiento internacional de nuestra narrativa femenina" (60). Todo esto, afortunadamente, resulta cierto en relación a todo el arte narrativo en Puerto Rico. Las traducciones que se han hecho al francés, inglés y alemán, y la inclusión de varios relatos puertorriqueños en las antologías de Julio Ortega y Seymour Menton han viabilizado la apertura hacia un mercado hispanoamericano e internacional. Sin embargo, cuando Acevedo habla de proyecciones sugiere que existen señales de "agotamiento" con respecto "a la narrativa feminista" (60) de los setenta. Frente al "agresivo feminismo" y "la denuncia frontal al sexismo" surge una narrativa que se aproxima con más ironía y humor o explora "otros temas y otras modalidades del relato" (60). Acevedo, en general, percibe "una especie de saturación" que repitiendo insistentemente "unos mismos temas y actitudes" va cayendo en "lo estereotipado y predecible" (60). Nos encontramos, entonces, con una antología que, permeada por un enfoque feminista, vuelve a evaluar los procesos de formación literario-cultural en Puerto Rico. A pesar de que tanto Solá como Acevedo publican casi diez años después de las antologías de Vega y Barradas, el conjunto no implica lo nuevo; se acerca, más bién, a las voces del ajuste, a la reformulación de

---

[1]La bibliografía en ambos textos tiende a ser informativa y abarcadora en contraste con los trabajos antológicos de Barradas y Vega. Se incluye, además, –en especial Acevedo–una serie de relatos y autoras poco divulgados en décadas previas.

una tradición que poniendo en otra perspectiva la aportación femenina provee acercamientos críticos alternos. Lejos de vislumbrar el porvenir, la selección de relatos y autoras está en función del pasado, del llenado de vacíos que produce cierta consolidación. El sentido de la antología radica en la suma, en la develación de una muestra y crítica literaria que, siendo anteriormente poco difundida, se incorpora y cuestiona concepciones previas de la historia literaria.

Una situación similar se describe en el artículo "Puertorriqueños álbum de la sagrada familia literaria" escrito por Rubén Ríos Avila en 1990. En el estudio se hace un balance del acontecer literario durante la década pasada sugiriéndose la necesidad de cambios en las estructuras narrativas. Ríos Avila, utilizando conceptos de *El país de los cuatro pisos* (1980) de José Luis González, analiza a los escritores de los ochenta situándolos como pertenecientes a, u oscilantes dentro, de dos vertientes literarias: "el plebeyismo" y el criollismo de la burguesía nacionalista" (34). Mientras Rosario Ferré trabaja unas "narraciones elegantes y patricias" (35), Luis Rafael Sánchez es el promotor de "una nueva puertorriqueñidad literaria fraguada al calor de un discurso atrevido y procaz, impertinente, oral y soez" (34) que otros escritores–en especial Ana Lydia Vega y Juan Antonio Ramos–habrían de imitar. Entre Ferré y Sánchez, Ríos Avila sitúa, más adelante, la narrativa de Edgardo Sanabria Santaliz y Magali García Ramis, quienes oscilan en la creación de una nostálgica visión entre la urbanización y el pueblo pequeño.[2] La década iniciada con la obra de Sánchez y la crítica de González se caracteriza por una pluralidad de estilos que, separándose de la Generación de los Cuarenta, asume los rasgos de la consolidación. El mismo concepto de "álbum de la sagrada familia" –inspirado en el libro de ensayos de Edgardo Rodríguez

---

[2]Juan Antonio Ramos en "El loro de marfil", acusa a Ríos Avila de "maniqueísmo literario" y cuestiona el concepto de populismo y la prosa "elegante y patricia de Ferré" sugiriendo, irónicamente, que en la literatura de Puerto Rico existen "dos categorías (...): la literatura fina y la literatura cafre"(21). Ríos Avila en "El pueblo y el populismo" destaca, en cambio, que el populismo es una tendencia narrativa siempre presente en la historia literaria. Como parte inherente al lenguaje se caracteriza por ser "una retórica manipulable y utilizable desde muchos acercamientos ideológicos" (23).

Juliá– implica un proceso de reconocimiento, una reunión de hijos e hijas bajo la tutela de una padre, y yo añado una madre, común: "la retórica del populismo" inicialmente explorada por Sánchez y la literatura de corte criollista desarrollada en Rosario Ferré.[3] Introduce, a su vez, a Edgardo Rodríguez Juliá -en quien ve "el otro Jano tutelar" de la familia literaria puertorriqueña-destacando, junto a Manuel Ramos Otero, una escritura que al ser fiscalizadora del populismo nos obliga a "reconocer el carácter literario de la construcción de sus ilusiones y metáforas" abriendo el futuro de "nuestras letras"–concluye Ríos Avila–" hacia el segundo milenio" (36).

El ensayo de Ríos Avila, al igual que los estudios preliminares de Acevedo y Solá, se puede definir mediante el proceso de la recapitulación. Situar a Rodríguez Juliá y a Ramos Otero como punto de arranque para la creación literaria futura implica un examen de las producción cultural y crítica literaria acontecida durante las dos décadas previas. Si bien es cierto que los ensayos de Rodríguez Juliá han sido difundidos, su novelística, al igual que la obra de Ramos Otero, no tuvieron gran acogida en el mercado literario de los ochenta.[4] El interés que despiertan hoy en día estos autores se debe a que cuentan con una obra a destiempo; es decir, producen durante las dos décadas previas pero ante las limitaciones editoriales, como sugiere Rodríguez Juliá en una entrevista con Julio Ortega, no llegan a un público lector dificultando su localización temporal y acercamiento crítico.[5]

El análisis de Ríos Avila, al igual que los estudios de Marqués, Barrada y Vega, depende también del pasado; busca la obra fundadora o el autor fundacional para establecer las diferencias

---

[3]Estos apuntes sobre la retórica populista resultan muy acertados. Ana Lydia Vega -definida como una de las seguidoras de Sánchez- en *Pasión de historia* (1987) y *Falsas crónicas del sur* (1991), utiliza la novela policial y la sentimental intentando alejarse del discurso coloquialista típicamente urbano.

[4]Después de un largo período se ha publicado la segunda parte de las *Crónicas de la Nueva Venecia* de Rodríguez Juliá titulada *El camino de Yyaloyde*. La última publicación de Ramos Otero *Cuentos de buena tinta* (1992) en una edición póstuma.

[5]Los recientes estudios de Antonio Benítez Rojo, de Julio Ortega, la colección de ensayos editada por Juan Duchesne Winter y el libro de Juan

productoras del cambio. En este proceso se establece cierta continuidad en la tradición crítica puertorriqueña: se ordena la producción literaria, como bien ha estudiado recientemente Juan Gelpí, sobre una subyacente genealogía dominada por lazos sanguíneos y filiales. A pesar de que Ríos Avila plantea cierta dispersión de la familia, en la crítica, se sigue manteniendo, aunque se intente evitar, la temporalidad y el orden totalizante típico del concepto generacional de la familia. Existe una continua adhesión a la causalidad, a un orden temporal lógico destacando la continuidad y la pertenencia. Ríos Avila, cierra e inagura la década con augurio hacia el nuevo milenio definiendo su voz en el reordenamiento, en los juegos entre lo previo y lo actual, consolidando la década de los ochenta no sólo con respecto a la narrativa, sino, incluso, en relación a la crítica literaria.

Dentro de este marco literario-cultural la antología que el lector tiene en sus manos reformula concepciones antológicas previas. No toma como punto de partida, como acontece en Marqués, Barradas y Vega, un libro publicado ni una distancia temporal razonable para analizar los textos seleccionados. Ante la escasez de medios de publicación–revistas, suplementos culturales, editoriales– encontramos una cuentística que ha tenido dificultades de difusión. Los ensayos de Carmen Lugo Filippi "Filo de juego" (1985) y de Luis Raúl Albaladejo "La generación soterrada" (1987), mencionan estos problemas y hacen público el trabajo de cuentistas y poetas. Hasta el presente, sin embargo, no se ha publicado casi nada de ellos. No es posible, en este sentido, encontrar la obra fundadora, el texto límite que, encontrado en el pasado plantea la novedad definidora del porvenir. No existe la necesidad tampoco de hacer ajustes de cuentas por olvidos u omisiones previas, pues los relatos –conocidos, en muchos casos, gracias al traspaso casi medieval de manuscritos– manifiestan una creación literaria marginal. Esta es una antología que al partir de lo inédito reformula el acto comunicante de la literatura. Se parte de un manuscrito no impreso que transformado luego en libro se incorpora en la actualidad para buscar a ese lector ideal,

---

Gelpí resultan, afortunadamente, una muestra de cómo recientemente se ha estudiado a estos autores.

aquél que –parafraseando a Ortega– no ha leído ninguno de los cuentos, para juntos redefinir el sistema literario. No se anticipa, entonces, el porvenir desde ese pasado fundacional, sino desde el presente, desde ese autor o autora desconocido pero posible que, cediendo sus manuscritos al recopilador, le da el placer de la primera lectura, de la quijotesca, por así decirlo, primera traducción que, viabilizando la continuidad narrativa permite atisbar, a riesgo de equivocarse o acertar, los futuros libros, los manuscritos inéditos que pronto van a publicarse.

Los textos aquí reunidos los define, en primera instancia, la desubicación temporal, la suspensión de la continuidad y la producción al margen. Manifiestan una naturaleza diseminada: son papeles de las calles, hojas sueltas, manuscritos dispersos con pocas posibilidades de salir del anonimato. Son una serie de relatos entroncados en su literalidad misma; tienen en cuenta la obra de escritores y escritoras reconocidos, caracterizan el espacio artesanal de la escritura y la posición del letrado pero en calidad de diálogo, homenaje o cuestionamiento a sus planteamientos estéticos.

Una de las primeras manifestaciones de este proceso se percibe en los relatos que reflexionan y reformulan tendencias narrativas desarrolladas en la literatura publicada durante las dos décadas previas. El relato de Edgardo Nieves Mieles "Hay un refugio (con frecuencia modulada) en la nube de cocaína en la que vive Georgie Piñacolada"–escrito en el período de 1985-1992– reproduce una estructura paralelística en donde coincide la retórica populista y la cultura *hippie* de los setenta. El cuento dedicado a Papo Impala y a Antonio Martorell, y con obvios contactos con el locutor de *La guaracha del Macho Camacho*, se compone sobre el pastiche, entre los fragmentos de información adheridos en *collage* al texto y la voz hipersensible del drogado, quien en un momento de epifanía logra ver y escuchar la simultaneidad discursiva del corpus socio-cultural. La acumulación e incorporación de productos de la modernidad–en especial los medios de comunicación masivos–y el excesivo barroquismo de la voz popular, recupera lo previo caracterizando la escritura como un espacio de crisis. En Nieves Mieles se concretiza un espacio de coincidencia y reflexión literaria: se logra reproducir casi simultáneamente la escritura de los setenta y ochenta, pero no a modo de continuidad, sino a manera de diálogo, de teorización y experimentación literaria para llevar hasta sus últimas consecuencias lo que hasta este momento define parte de la literatura y cultura puertorriqueña.

Igual situación acontece también en la narrativa de corte y tema feminista. En esta antología, como en las anteriores, se presenta también una rica y extensa producción femenina. Existen relatos en los cuales se exploran situaciones particulares sobre la mujer. En "Olor a sábanas", de Sara Irrizary, se perciben contactos con la narrativa de Carmen Lugo Filippi, Magali García Ramis y Edgardo Sanabria Santaliz. Sus relatos se entroncan en la urbanización, recurren a un tono autobiográfico y reproducen modelos ideológicos de lo femenino, típicos de los medios de comunicación masivos, para representar la constitución erotica del "yo". En uno de los cuentos de Dinorah Cortés Vélez se narra también un aspecto personal de una mujer. Sin embargo, su estructura asume, como se percibe en las *Sonatinas* (1989) de Ferré, ciertos elementos míticos y de leyenda propios de una simple historia de amor. No existe, aparentemente, la necesidad de representar en la letra la polémica ideológica entre lo femenino y la estructura patriarcal. El "yo" femenino tampoco se define a través de una actitud nostálgica hacia un pasado pueblerino. Por el contrario, los relatos–en especial "Mujer en verde" de Irizarry– quedan abiertos; lo femenino permanece en su total complejidad, evidenciándose una narrativa que reflexiona, no sólo sobre la conflictiva lucha de poder entre los sexos, sino también sobre el acto cultural de la escritura misma.

De ahí que con mucha frecuencia el personaje de la autora o el autor, produciendo desde su espacio particular, examine no la anécdota que se narra, sino los estereotipos, estructuras y modelos ideológicos utilizados para componer cualquier texto. Marcelino Resto satiriza la violencia y el viejo conflicto de autoría entre escritor y personaje. Luis Raúl Albaladejo, con ciertos ecos en la obra cortazariana, manifiesta, a través de los juegos entre lectura y escritura, una continua lucha de poder. Terminar una obra resulta un gesto de apropiación que le confiere a la letra un papel esencialmente delictivo. Georgiana Pietri, por su parte, explora el proceso creativo en una doble perspectiva: usa, por otro lado, el motivo del soñador y el soñado para representar los conflictos entre un autor y una autora y, por otro, la noción del acto de la composición literaria como espacio esencial de la locura. En su colección *Impasse*–finalista al Premio Literario de Casa de las Américas, 1992–Pietri abunda en estos conflictos al explorar, desde el prólogo, no sólo la perspectiva que se ha asumido al nominar la realidad, sino, incluso, la base ideológica que sostiene todo proyecto cultural puertorriqueño. En "El cuento de Emi" dos autores definidos uno por un arte literario de compromiso social y el otro por un estilo popular callejero–compiten por la plasmación y legitimidad implicada en la letra. La anécdota –desnuda como el personaje Emi–precede a la escritura, pero no es lo esencial de la narración; lo importante es el proceso "de por hacerse", es decir, el bordado y el ropaje discursivo que se asume a medida que va contándose. No se representa, entonces, tomando como punto de partida una realidad oral y social. Lo literario está concebido, en cambio, como construcción lingüístico-cultural acomodada a la ideología imperante del momento. Se escribe no porque el presente histórico haya cambiado, sino porque han surgido nuevas estructuras ideológicas para representar la realidad. Nos encontramos con una serie de metatextos que al explorar el artesanado de la letra intentan crear una imagen más conflictiva y dinámica del letrado.

Tal vez por esta razón muchos de los cuentistas de esta antología intentan evitar, hasta donde sea posible, toda referencia al contexto histórico-social puertorriqueño. Efraín Barradas ha destacado que el "boom" hispanoamericano–Borges, Cortázar, Rulfo, Carpentier, García Marqués y otros–ha ayudado a crear en la narrativa de los ochenta la conciencia de que la literatura es un "ejercicio de construcción de una irrealidad, de una mentira, de un artificio" (xxv). En respuesta al "retrato directo", implícito en el realismo social de los Cuarenta, "la oblicuidad y lo fantástico", continúa Barradas, se convierten "en medio seguro para la denuncia social" (xxvi). En los cuentistas de esta antología, como ya hemos visto, existe un contacto con la narrativa hispanoamericana. La conciencia del artificio también se produce pero no pretende, en muchos casos, ofrecer una versión de lo que es Puerto Rico. El acto creativo, por el contrario, deja ver las costuras de la composición, se concentra en la letra, pero se muestra incapaz de lograr atrapar o entender a cabalidad la complejidad histórico-social puertorriqueña.

Los relatos de Dinorah Cortés Vélez, Maru Antuñano, José Liboy Erba, Ingrid Cruz Bonilla y Diego Deni se acercan al relato fantástico–usando estructuras tradicionales como el espejo, el doble y el triángulo amoroso–, asumen un punto de vista autobiográfico-subjetivo y tienen presente el arte poético para crear un universo narrativo caracterizado por el absurdo y lo grotesco. Cortés Vélez y Antuñano parten de la noción del signo vacío y usan el orden temporal y numérico para dar pie a sus narraciones. La distorsión producida por el espejo, el doble y el concepto matemático de contar se funden para reflexionar sobre la escritura: en Cortés Vélez se representa la deformidad, en Antuñano la omnisciencia destructiva y la incapacidad de una pareja de coincidir en la cronología temporal y espacial. Los cuentos de estas autoras, al igual que los de Pietri, no se concretizan en la causalidad de una anécdota. Trabajan, más bien, el arte de la composición y se acercan a la poesía–en especial el uso de la metonimia en Cortés Vélez–evidenciándose, en la complejidad del signo narrativo, el constante deseo de sugerir en vez de nombrar la cosa.

Los otros cuentistas se acercan también al relato fantástico pero parten, curiosamente, no del signo vacío, sino de la organización precisa de la letra, del modo en que la escritura ha estructurado con antelación lo que se considera realidad. Ingrid Cruz parte de una agenda–"modelo de claridad y coherencia"–y hace uso del orden exacto de un reloj para describir como un hombre de negocios es absurdamente sometido y definido. En otro de sus cuentos la lectura medita sobre las instituciones culturales satirizando concepciones que se tienen sobre el arte, la literatura, la educación y el conocimiento. José Liboy Erba, autor de una extensa obra inédita que incluye narrativa, poesía y teatro, usa un tono autobiográfico manifestando un doble procedimiento: particulariza el "yo" en la medida en que la realidad experimenta una total subjetividad. Los eventos, los objetos y la persona, es decir, el otro, se materializan no en sus rasgos intrínsecos, sino en el particular modo en que la voz narrativa los percibe y los constituye. Con frecuencia se recurre al doble, se reproduce indirectamente el silencio y el otro se representa como signo determinado y llenado por la norma. No poder definir por completo el sentido del chiste en "Manos de la reina" evita que el signo y el objeto se concreticen por completo. Visualizarse a sí mismo con otra personalidad, como acontece en "Antes de Nayda", ver a la mujer gemela o intentar definirla entre "la que me quiere" y "la que me odia" viabiliza no la definición del otro, sino la ambigüedad constante del "yo".

Los cuentos de Cruz y Liboy–con ciertas tangencias en la obra de Cortázar, Adolfo Bioy Casares y Felisberto Hernández–se aproximan a lo fantástico pero argumentan que el asombro es parte esencial de lo que la institución y el orden han designado como la norma. La precisión en la forma narrativa, la constante sencillez sintáctica no parece ser vehículo de transición hacia el asombro. Tal parece que el asombro radica, más bien, en lo previamente escrito: en una sirve de punto de partida para la sátira, en el otro manifiesta, en cambio, un total extrañamiento. Mientras Cruz hace énfasis en el absurdo, Liboy, al igual que Cortés Vélez y Antuñano, se acerca a lo poético, pero no para llenar el vacío del signo, sino para evidenciar la falta de entendimiento, la imposibilidad de concretizar a cabalidad la estructuración que asume la realidad circundante. Lo común y lo corriente se ven como concepciones que en su orden particular legitiman una verdad. No poder concretizarla en el relato, desear simplificarla desvistiéndola de discursos e ideologías, y no ofrecer un final que cierre y defina al signo narrativo, implica una problematización de su materialidad, un constante proceso de extrañamiento con respecto al presente histórico en donde el "yo" siempre se encuentra fuera de lugar. Lo absurdo y lo fantástico radica no en la posibilidad de acceder a otra realidad alterna, sino al modo en que ésta es y ha sido determinada por productos y estructuras típicas de la modernidad.

Diego Deni en "Miopía" evidencia un tratamiento literario similar. El resto de su obra, sin embargo, se aleja por completo del contexto histórico-social puertorriqueño. Lo narrado parte de motivos literarios tradicionales–la mitología clásica, la Biblia, el bestiario infernal y la prostituta–redefiniendo el espacio de la biblioteca, el lugar tradicionalmente ligado a la figura del letrado.

En "La madre"–cuento publicado en la *Revista de Cupey*– la prostituta avejentada se funde con el bestiario creándose la idea de que el cuerpo es sobre todo letra, es decir las diversas formas en que la cultura literaria lo ha definido. "Emma de Montcaris"– uno de sus relatos más logrados–combina una erudición lingüística y bibliográfica para representar mediante el estilo la época del Renacimiento. El cuento se compone, incluso, mediante estrategias narrativas vinculadas a la representación realista. Es frecuente el uso del narrador omnisciente quien, al reproducir versiones populares y al mostrar una cuidadosa selección nominativa en el proceso descriptivo, le da énfasis a la cosa nombrada, al objeto, al sustantivo y la estructura sintáctica para representar con precisión la geografía, la arquitectura y la cultura alpina.

En Diego Deni el arte narrativo se define por lo nombrado obviando toda oblicuidad nominativa. La anécdota, no obstante, no relata ningún aspecto particular del presente histórico puertorriqueño. Si en Liboy y en Cruz la norma es verdad institucionalizada que no se puede materializar en la letra, Deni se concentra, en cambio, en el evento inaudito. Éste, al ser descrito de modo realista, se distingue, respectivamente, por ser poco común y por evidenciar una letra que siendo previa requiere un constante proceso de reescritura. El letrado, de igual modo, experimenta también cambios significativos. Se recupera retrospectivamente su espacio cultural de producción estableciéndose ciertas tangencias con la prosa dieciochesca de Edgardo Rodríguez Juliá. Pero la figura del autor, lejos de ser representada en el texto tiende a desaparecer; asume, más bien, una posición de testigo y filtro narrativo. La biblioteca, el contacto con el producto cultural libro, la erudición y las miles de posibilidades estilísticas, es decir, todo lo inherente a la letra, es lo que en última instancia prevalece.

Los relatos de esta antología se destacan por crear desde lo nombrado; como productos literarios del margen, permiten, a su vez, revisar y cuestionar planteamientos estéticos previos. Algunos dialogan con estilos definidores de los ochenta. Otros se entroncan en el artesanado de la letra, en la subjetividad autobiográfica e intentan alejarse del contexto social puertorriqueño expresando conflictivas concepciones con respecto al presente histórico-cultural. Al escribir, deja de existir una transcripción coloquialista y se intentan evitar conflictos de orden ideológico. Se crea sobre la letra previa, tomando como base los discursos e ideologías, la heteroglosia urbana que en su abundancia problematiza y enriquece las percepciones que se tienen del país. La escritura se define en la búsqueda; asume, sin duda, cierta oblicuidad nominativa y se funda conscientemente en el artificio. Sin embargo, no aspira a la denuncia social; manifiesta, en cambio, la incapacidad de lograr captar el orden implantado por la letra. Los eventos, al ser transcritos no le acontecen a otros; son, por el contrario situaciones inherentes al "yo", quien en su incapacidad de pertenecer o entender el orden implantado por la norma, asume que el todo procede de su propia intimidad. La figura del autor, de este modo, pierde su trono omnisciente y moralizador. En algunos casos desaparece, en otros, asume el rol secundario del personaje, quien desde su intimidad construye un universo literario alterno que lejos de concretizar lo externo o al otro, define, más bien, su propia particularidad. No estamos ante textos abarcadores del todo. La escritura sólo es capaz de representar una realidad incompleta y fragmentada, papeles rotos, pedazos de cuerpo y palabras, trazos que en conjunto destacan la dispersión, la falta de centro, de definición y dirección letrada, transformando la escritura en espacio constante de regeneración y complejidad.

A este espacio primario de creación pertenece esta antología. Queda en el lector y lectora de estos manuscritos llevar a cabo su traducción particular. Queda en el autor y autora no dejar en suspenso la historia y continuar su compromiso con la escritura. Entre hojas sueltas y cartapacios roídos, en esos caracteres, tal vez inicialmente extraños, espera la sonrisa placentera de la lectura inicial. Ese gesto casual e imprevisto, esta implícita complicidad en el proceso literario, es lo que, en última instancia, se aspira suscitar.

Acevedo, Ramón Luis. *Del silencio al estallido: escritura femenina puertorriqueña.* Río Piedras: Editorial Cultural,1991.

Albaladejo, Luis Raúl."La generación soterrada". En Rojo. *Claridad*: 10 al 16 de julio de 1987: 14.

Barradas, Efraín. *Apalabramiento. Diez cuentistas puertorriqueños de hoy.* Hanover: Ediciones del Norte, 1983.

Benítez-Rojo, Antonio. *La isla que se repite. El Caribe y la perspectiva posmoderna.* Hanover: Ediciones del Norte,1989.

Deni, Diego. "La madre". *Cupey* . 7.1-2 (1990): 18-22.

Duchesne-Winter, Juan Ed. *Las tribulaciones de Juliá.* San Juan: Instituto de Cultura Puertorriqueña, 1992.

Ferré, Rosario. *Sonatinas*. Río Piedras: Ediciones Huracán, 1989.

Gelpí, Juan. *Literatura y paternalismo en Puerto Rico.* Río Piedras: Editorial de la Universidad de Puerto Rico, 1993.

González, José Luis. *El país de los cuatro pisos.* 2da ed. Río Piedras: Ediciones Huracán, 1981.

Marqués, René. *Cuentos puertorriqueños de hoy.* 2da ed. Río Piedras: Editorial Cultural, 1968.

Mentor, Seymor. *El cuento hispanoamericano.* 4ta ed. Mexico, D.F.: Fondo de Cultura Económica,1991.

Lugo-Filippi, Carmen. "Filo de juego". *El tramo ancla. Ensayos puertorriqueños de hoy.* Ed. Ana Lydia Vega. Río Piedras:

Editorial de la Universidad de Puerto Rico, 1989: 109-113.

Ortega, Julio. *El muro y la intemperie. El nuevo cuento latinoamericano*. Hanover: Ediciones del Norte, 1989.

—. "Edgardo Rodríguez Juliá. Crónicas de entierros, ficción de nacimientos". *Reapropiaciones (Cultura y nueva escritura en Puerto Rico)*. Río Piedras: Editorial de la Universidad de Puerto Rico, 1991: 123-140.

Pietri, Georgiana. *Impasse*. San Juan: Isla Negra Editores, 1992.

Ramos, Juan Antonio. "El loro de marfil". Puerto Rico Ilustrado. *El Mundo*. Domingo 28 de enero de 1990: 20-23.

Ramos-Otero, Manuel. *Cuentos de buena tinta*. San Juan: Instituto de Cultura Puertorriqueña, 1992.

Ríos-Avila, Rubén. "El pueblo y el populismo". Puerto Rico Ilustrado. *El Mundo*. Domingo 4 de febrero de 1990: 20-23.

—. "Puertorriqueños álbum de la sagrada familia literaria". Suplemento Especial. La década de los 80. *El Mundo*. Domingo 14 de enero de 1990: 34-36.

Rodríguez-Juliá, Edgardo. *Puertorriqueños. (Álbum de la sagrada familia puertorriqueña a partir de 1898)*. Madrid: Biblioteca de Autores Puertorriqueños, Editorial Playor, 1988.

Sánchez, Luis Rafael. *En cuerpo de camisa*. Río Piedras: Editorial Antillana, 1975.
—. *La guaracha del Macho Camacho*. Buenos Aires: Ediciones de La Flor, 1976.

Solá, María M. *Aquí cuentan las mujeres. Muestra y estudio de cinco narradoras puertorriqueñas*. Río Piedras: Ediciones Huracán, 1990.

Vega, Ana Lydia. *Falsas crónicas del sur*. Río Piedras: Editorial de la Universidad de Puerto Rico, 1991.

—. *Pasión de historia y otras historias de pasión*. Buenos Aires: Ediciones de la Flor, 1987.

Brooklyn, New York

1993-1994

# Los rostros
# y
# las máscaras

Sara D. Irizarry

Sara D. Irizarry nació en San Juan en 1957. Su obra narrativa ha sido publicada en la revista *Contornos* y en la *Revista de Creación Literaria* de la Universidad de Puerto Rico. Sus cuentos han recibido los primeros lugares en el Certamen Internacional del Cuento Corto (1991) y en la Tercera Alborada Artística (1982). Tiene un libro inédito de prosa y poesía titulado *Retornos y Encuentros.*

# Olor a sábanas

*A Edgardo Sanabria*

1

Casada... ya van dos meses. Después de haber sacrificado esfuerzos y ahorros para alcanzar lo que aspira toda mujer en su tiempo virgen, finaliza con una nota sobre la estufa, y no sobre la cama, porque es seguro que al acostarse supuestamente agotado de su trabajo no surgirá la casualidad de que la vea. Si tiene aún un hilo de fuerza arrancará de cuajo e indiferente la sutil sábana y si ha emergido desde la puerta en un estado de total abulia simplemente se echará.

Sí... una nota en la cocina, porque precisamente a la media hora de estar acostado sentirá su acostumbrada hambre, se levantará, arrastrará pies, cuerpo (visto de cerca piel suave y rosada, digna de un querubín) y se adentrará en la cocina. En el trayecto se habrá sentido confuso al no poder detectar el ruido y el olor del aceite hirviendo en la sartén que debe alterar la carne para hacerla sápida al gusto (quizás sólo esa carne le es apetecible).

Descubrirá, sobre la estufa, la nota y cuando termine de despejar de sus ojos un poco de sueño se tomará la molestia de leerla. Bastaría un simple gesto, una señal de sufrimiento que demostrara que es humano, que como todos nosotros posee aún la aureola angelical e invisible que protege al hombre de ser bestia o, por el contrario, de transformarse en una impasible urna de muy fino cristal. Sólo así dejaría de existir el recuerdo de la primera noche en la que él le dijo que no le haría el amor porque no le daba la gana, para luego, una semana después, en una fiesta de sus compañeros de oficina, escuchar de su propia boca la historia del tumultuoso desfloramiento de su virginidad, que aún vergonzosamente ella seguía poseyendo. Todo dicho con detalles minuciosos, subrayando un machismo desvergonzado que se burlaba de su incauta sumisión.

Impunemente él daba cuenta de la misma imagen que ella había forjado antes del enlace, imagen de fantasías voluptuosas relacionadas con el lecho conyugal. Tras sus consecuentes fracasos, ella utilizó los recursos sugeridos en los más conocidos medios. Se atavió de los más exóticos y extravagantes vestidos, hasta el punto de faltarle muy poco para quedar totalmente desnuda, algo que no completó porque su profunda timidez se lo impedía. Pero nada sucedió y ella no lo podía comprender. Poco a poco fue uniendo las piezas del rompecabezas hasta hallar una serie de explicaciones plausibles. Él no respondió a las preguntas, simplemente amenazó con no sé cuántas injurias al extremo de decirle que, en todo caso, él no tenía la culpa de que ella le resultara tan poco atractiva.

Como toda mujer, ella tenía orgullo (inquietud de mujer). Sería una frustración irreversible la posibilidad de no poseer los suficientes atributos para saberse deseada. La nota sobre la estufa era el paso necesario para salvar la situación. En ella ya no se expresaba como la mujer sumisa. Ahora lanzaba una amenaza. Crearía algún efecto en él, alguna conciencia de cuán absurda e ilógica era la situación. Él era humano y, tarde o temprano, también tendría la necesidad de demostrar que podía ofrecer amor con tanta sensualidad como la de los galanes de las telenovelas, o sino, la inquietud de saber que había sido abandonado, a pesar de haber estado siempre tan seguro, estremecería al más inaccesible. Le sería preferible salvar el matrimonio a tener que enfrentarse a los comentarios de la gente en cuanto a su hombría. Esperaría con gusto el momento en que él tuviera que agradecércelo todo.

Sin embargo, tras el sufrimiento de la vergüenza y tortura pasadas, era justo disfrutar del momento de la victoria y eso era posible si permanecía oculta en alguna parte de la casa justo en el momento de la lectura de la nota. El closet de las sábanas era el lugar preciso porque sus ventanillas daban acceso visual a todo el cuarto y a la entrada de la cocina. La escena requería la preparación del ambiente: llenó las maletas de ropa, sacó las prendas, los cosméticos, los utensilios, el cepillo de dientes, hasta el más mínimo detalle que concordara con su aparente fuga.

## 2

Llegó 10 minutos más tarde que lo usual. Desde el pasillo tarareaba un ritmo movido y absurdo que no abandonó al tener que utilizar la llave para abrir la puerta y penetrar a la habitación. Cruzó la salita y entró al cuarto al mismo tiempo que seguía la melodía en un tono más bajo. Se desabotonó la camisa, se subió las mangas y arrojó los zapatos a un lado. Recostándose en la cama encendió la radio y movió el botón de cambio de estaciones hasta dar con una tonada que tuviese un ritmo semejante al que tarareaba. Al encontrarla se acopló a la nueva melodía dándole a veces el aire de la primera. Comenzó, entonces, a dar acompasadamente con los nudillos en la cabecera de la cama. Estaba contento, no se dormiría.

Al terminar el número musical dejó de cantar y de golpear con las manos. Quedó inmóvil abandonando aquella impresión autómata zarandeado por la música. Nada más pestañeaba de vez en cuando sumido en las más complejas y discordes reflexiones; sólo él sabría cuáles. Súbitamente se levantó y, mientras que en la radio surgía una nueva melodía a todo volumen, se perdió de vista en la cocina.

Adentro del closet, las celosías sólo permitían una visión limitada del exterior. Ella estaba impaciente. La estancia en un diminuto cuartito repleto de sábanas, fundas, colchas y de ese olor, el mismo aroma que había cubierto intencionalmente la ropa de cama en las primeras noches y que ahora, a pesar del excesivo lavado, seguía persistiendo, era realmente insoportable. Aún así, sus ojos estaban fijos y sus oídos permanecían a la expectativa. No quería perder un solo detalle.

El comienzo de la carcajada la hizo estremecer. Aquella carcajada fría y aparatosa que había surgido desde fuera del escenario (el segmento visible de la cocina) y que iba aumentando y acercándose al vórtice del drama, la dejó desamparada. Sintió desvanecerse. Por las celosías entreveía al hombre, ya en la habitación, con un trago en la mano derecha y en la izquierda el trozo de papel aplastado, hecho una bola inservible que tiraba y atrapaba como si jugara con ella, riendo él ruidosamente con su tremenda carcajada. Y vio, además, cómo se desnudaba él en el cuarto -acción que jamás había realizado cuando estaba ella presente. Ahora, para variar, entremezclaba la melodía con la carcajada.

Todo eso era inaguantable y el cuartito de las sábanas, oscuro, estrecho, incómodo, con aquel olor a perfume que daba náuseas, era incapaz de dar cabida a la creciente rabia y frustración de su ocupante. Y pensó en escapar... pero, en ese momento, no. Salir del closet en aquel instante hubiera sido permitirle ver que estuvo todo ese tiempo escondida allí y que lo de la nota había sido una farsa. Y eso... jamás. El se había reído a solas, no le daría la oportunidad de burlarse frente a frente. Ella no sería la víctima de su vergüenza. Antes prefería pudrirse encerrada.

Y mientras él se quedaba amodorrado en el lecho, ella se dejó deslizar hasta el piso, decidiendo hacer el último sacrificio de pasar la noche allí...

3

Pero no pudo descansar. Por causa del reducido espacio y la mala ventilación cualquier postura que tomara terminaba por serle incómoda. Para colmo se sentía como embriagada por el insoportable olor de tanta maldita sábana. Y pasó lo que en su caso parecía tal vez un poco inevitable: tras varias horas de inactividad la soledad la fue ablandando y se puso a pensar: que tal vez él no era como ella creía, que posiblemente lo había juzgado mal, que quizás su risa había sido una reacción espontánea de desesperación (pues había gente que en vez de llorar se desarmaba de la risa), que tal vez esto, que tal vez aquello otro, que tal vez... y poco a poco fue abriendo la puerta del closet. Pudo verlo allí todo tremendo, hecho un Apolo de belleza y sexualidad (aunque eso sólo lo veía su corazón, porque aquel hombre poseía meramente una figura mediocre).

Se inflamaron los viejos deseos, la pasión se volcó alocada en su interior, siendo seguida por ciertos gestos maternales que influían junto a sus más cálidos instintos. "¿Qué haré ahora?", se preguntó. Era cierto que todos aquellos vestidos sensuales que utilizó no dieron mucho resultado... Pero tal vez en el fondo había sido su culpa, porque no se había esforzado lo suficiente. Debía, tenía que haber puesto mayor empeño en sus intentos. Nunca había pasado por algo semejante y un fracaso así sería difícil, tal vez imposible de superar... Tenía que tratar de insistir, era necesario iniciar el acercamiento de alguna forma. Tal vez cambiar papeles, ser la seductora, pasar de víctima a semi villana con dotes de heroína: calculadora, a la vez que sensual, pero con cierto aire frágil e inocentón (aunque a las heroínas de las telenovelas, la tristeza, la espera y la sumisión al final siempre le daban buenos resultados)... Sí, habría, pues que comenzar la etapa de "celo". Si lo atacaba de frente estaría demasiado sorprendido para poder reaccionar... Debía desarmarlo... dominarlo... acariciarlo... ¿Qué tal si colocaba cortinas rojas y blancas y quitaba aquellas de algodón color azul chillón que daban una imagen tan triste a la salita. Tal vez el perfume de las sábanas no había sido el apropiado (después de varias horas sumergida en su aroma le resultaba repugnante). Un perfume suave, que apenas se percibiera, pero que estuviera allí para realizar su efecto, era lo ideal... Quizás debía añadir algunos elementos orientales a la decoración que diesen un cierto dejo de exotismo... Y ¿por qué no una mezcla de luz y sombra?... las entresombras dirigidas hacia el lecho causarían el erotismo necesario...

Cuando él se sintiera más animado, haría algunas fiestas. Frente a sus compañeros de trabajo no se atrevería a mostrar su imagen de no-marido. ¿O sí? Si no cooperaba tendría quizás que amenazarlo con desacreditarlo ante ellos... ¿y si él realmente fuera?... ¿y si lo hacía con los compañeros de oficina?... ¡Habría que buscarle la vuelta y encontrar la forma de volverlo a su lugar de hombre!... Tendría que obligarlo a ver juegos de pelota y de boxeo... Un programa como el de Iris Chacón sería el candidato número uno: con una imagen de televisión, por más que la disfrutara, no podría serle infiel. Programas como ese siempre influían hasta en el más idiota, entusiasmando y estimulando. Su *coolant* no era como el de la Chacón, pero al menos era más desarrollado que el de la mayoría de las muchachas de por ahí... Tendría que ver más telenovelas, tan educativas para la masa femenina en busca de estrategias. No sería conveniente que él las viese, no convendría que el enemigo estuviese al tanto de ellas...

Una amiga le había aconsejado que ante el marido había que demostrar, de vez en cuando, cierta indiferencia, como que uno no quiere la cosa. Un cierto aire de misterio no vendría mal. Quizás hasta darle un poco de celos con una salida con algún amigo... Aunque de vez en cuando sería bueno dorarle la píldora... Muebles mullidos... ¡Qué delicia!... Debería tal vez deshacerse de todos aquellos libros que, según él, recogían tan sólo polvo y cucarachas y hacer una salita de música y baile (la salsa siempre lo doblegaba)... campanillas de viento en las ventanas... muñecas de porcelana... colorete... sí, su perfume tendría que ser igual al de las sábanas, que él relacionara el lecho con su presencia, que el mismo acto de acostarse se la recordara... fiestas... porcelana china... Amor...

Mas, de pronto, el ring del teléfono la despejó de tanta maraña y la trajo a la realidad. Se sintió, entonces, avergonzada: terriblemente culpable por haber permitido que su imaginación vagara por rumbos que no eran propios... Se supo sola... Abandonada en un mundo artificioso que le había negado los instrumentos adecuados para enfrentar la realidad de frente, con los pies en tierra. Y más que sola, se supo atrapada, que se había casado con ella por alguna razón que no lograba precisar o confirmar.

Enfureció ante la posibilidad de haberse dejado presionar por la familia y los amigos que se burlaban cínicos de su inminente jamonería, pues había entrado peligrosamente a los treinta. Resintió además haber cedido tal vez a la urgencia vital de tener cerca a un marido, al dueño, al protector que le diera identidad y pertenencia, que le hiciera sentirse aceptada por todos y por sí misma... Pero no todo había sido caída de su parte. Él la había hecho sentir bonita y deseada. Una leve mirada o el mero rozar de sus dedos la confundía y excitaba... Creyó que era amor. Ahora no estaba muy segura. Ya no sentía igual. Había algo diferente. Nada tenía el mismo significado... Por desgracia el cuerpo le seguía exigiendo desesperado ser tocado y amado. Quizás su única realidad era que lo necesitaba...

Lo vio colgar el teléfono, arrojar a un lado la bola de papel, vestirse... Nunca sabría qué ni con quién habló. Lo vio desaparecer por allí, por ese umbral inhóspito de las puertas que se cierran... Escuchó su paso rapidito sobre las losetas de la marquesina... reconoció el alboroto inconfundible del motor del carro y la sensación aterrante de esa soledad, demoledora de ilusiones ingenuas... Corrió al balcón y gritó trastornada varias veces su nombre, hasta que de repente le aterró la posibilidad de ser escuchada y descubierta: la terrible visión de lo que podría pasar si él se detuviera y regresara al apartamento, la desesperación de imaginar la posibilidad de pasar por las circunstancias semejantes a las de tantas mujeres que cada día salen retratadas en los periódicos víctimas del maltrato y la violencia doméstica. Se mordió la lengua y se escondió aterrorizada bajo la mesa del comedor hasta que el tiempo la convenció de que al menos por esa noche él ya no volvería.

...Fue, entonces, después de un rato, que comprendió que definitivamente se había quedado sola. Y al saberlo le invadió de sopetón la oscuridad. Lloró, lloró mucho y tras tanto llorar entró agotada al lecho. No pudo dormir. Se fue sintiendo cada vez más asfixiada. Se levantó, zigzagueó atolondrada por el cuarto y ya a punto de desfallecer por el ahogo, abrió la puerta del closet recibiendo la más inesperada bofetada: ese inconfundible aroma de sábanas, extraño, maléfico, embrujador; quizás más dulce que unas manos seductoras que estrechasen los más anhelantes contornos de su cuerpo.

Entró. Cerró la puerta tras de sí. Se acurrucó en un rincón del cuartito, levantó sus manos hundiéndolas en los mullidos tejidos perfumados que yacían en lo alto y luego los atrajo hacia sí recibiendo una lluvia de tejidos primorosos que se confundían en su caída vertiginosa y sintió aún más un cosquilleo singular y deleitable que le hacía estremecer y reír y reír... Pero un algo extraño la inundó de súbito y, entonces, desconcertada, ya no pudo dejar de imaginar a dónde la conduciría el haber sentido, por primera vez, las terribles devastaciones del amor...

# Mujer en verde

## I

Me quejo a menudo del escándalo infernal del ruido de allá abajo, de esa estampida alocada y veloz de frenazos y del bocineo desesperado del tráfico descomunal de las tardes. Es mayor aún en los días de fuerte lluvia cuando se forman enormes e insondables lagunas en la avenida que paralizan, bajo semáforos apagados, tanto a máquinas como a humanos. A eso se agrega el cuchicheo vociferante y feliz de los muchachos rumbo al college o a la Universidad y el terrible tartaleo del monumental abanico bajo mi ventana que no cesa de revolotear con estruendo continuo aún los fines de semana. Muchas veces he tenido que clausurar toda abertura para aislar la nube tóxica y asfixiante del escape de gas de los grandes troces y de las guaguas de la AMA. Las cortinas del cuarto ya han ennegrecido por esa espesa humareda vehicular que suele aumentar en el verano a causa del calor y de la excesiva humedad.

Sin embargo, posiblemente es peor que todo eso lo que me sucede ahora. He mudado al otro extremo. Hoy es Domingo de Ramos en un fin de semana largo: toda la semana sin clases en los colegios por ser Semana Santa. Ha desaparecido el ruido. Por fin han desconectado el enorme abanico bajo mi ventana y si bien podría comenzar a abrir puertas y ventanas y dedicarme a respirar un día de sol como los que no se dan muy a menudo... no sé exactamente por qué sigo atrincherada. Me ha arropado la más inmisericorde apatía. Me he vuelto antisocial... Quizás me aterra el mare mágnum desesperado de allá afuera. Y si es eso, es peligroso, porque significa que tal vez en el fondo no quiero ser humana, que me estoy negando a aceptar que soy parte de los demás... No hay remedio. Tendré que inmiscuirme en las cosas ajenas. Me guste o no me guste y pese a que los otros no lo quieran permitir.

Así que me arrastro a mi pesar hacia la puerta de salida, cruzo el pasillo y me siento en la baranda del balcón. Tras dos cuartos de hora comienzo a dudar. No sé qué es más terrible: si el desesperante alboroto de los días anteriores o la torturadora monotonía del ahora. Espero el desfile exclusivo de feligreses de la Semana Santa en traje de domingo y ramos en mano. Empiezo a extrañar hasta los racimos de plátanos, las calabazas y las chinas y tantos otros frutos o viandas que guindan desde el tope infinito de los viejos y destartalados camiones que se dirigen diariamente hacia la Plaza del Mercado... Pero... nada. Es un domingo desierto, un domingo muerto...

¡Esto es un desastre! ¡Tampoco logro acostumbrarme a la quietud subversiva de los domingos quedos! Estoy a punto de desistir cuando veo el auto acercarse lentamente y detenerse sobre la acera. En el interior: dos hombres. A él lo identifico de inmediato, el otro no sé quién es. Hablan ligero, agitados. Percibo su tensión. Sé que algo ha pasado. Continúan varios minutos en el interior del auto. Luego él sale y el otro se va. Es, entonces, cuando él levanta la vista y me sorprende sentada en la baranda, que descubro que ya es demasiado tarde: crucé los límites de la individualidad, cometí la indiscreción de inmiscuirme en lo ajeno, ¡y aún no estaba preparada!

Pensé en la posibilidad de huir al cuarto. Desenredar de algún modo la madeja de lo que está ocurriendo y de lo que pudo haber ocurrido, que pudiese ser nada, pues aún no tengo la certeza de que haya pasado algo. Ha sido meramente que desde la baranda de un balcón he observado a dos personas llegar, una de ellas quedarse y la otra partir. Sin embargo, son los hechos comúnmente triviales y aparentemente ingenuos los que suelen detonar las futuras hecatombes. ¡Yo quería pasar inadvertida esta tarde de domingo! ¡Pero se ha trastornado el Karma! De algo cotidiano e insignificante, de estar sentada en la baranda de un balcón de un tercer piso, de ser simple observadora, he pasado a ser parte de un algo que no sé qué transfondo tiene y a dónde me dirigirá: he sido vista. Permití que los ojos del observado me capturaran como espectadora y que ahora tenga el poder de hacerme o no parte de la trama...

Tal vez exagero. Quizás él suba, se adentre al cuarto y ahí termine todo, como otras veces... sin consecuencias adversas. Lo terrible es la agonía de la espera, mi alocada y exagerada imaginación que tiende a crear tempestades. Escucho sus pasos, llega hasta el portón del tercer piso, entra, mueve lentamente la cabeza en un exageradamente brevísimo saludo, cruza el pasillo, abre rápidamente la puerta de su cuarto y desaparece...

Debería estar contenta, pues todo ha quedado en la leve impresión de un nada. Sé, sin embargo, que definitivamente algo ocurrió. Lo vi en sus ojos, en su mirada esquiva, en su paso veloz, en su esconderse. Algo trae consigo. Pensé estar a salvo, pero estoy más atada que antes. Me ha atrapado con su silencio y él lo sabe...

Se aprende a diferenciar las circunstancias tras el contacto casual de los meses. Existe una complicidad compartida cuando nos pedimos mutuamente café o azúcar, cuando reduce el volumen del componente, le dice a los amigos que bajen la voz para que no me moleste o cuando toco a su puerta para avisarle que lo llaman. Fuera de esto apenas hemos cruzado dos o tres palabras rutinarias: "Hola, Buenos días, Buenas noches". Sin embargo, basta con esos breves encuentros y escasa comunicación para que la complicidad sea completa: no interferimos en nuestras mutuas individualidades ni indagamos en nuestras particulares interioridades. Mas, hoy es diferente. Vi en sus ojos que ha pasado algo y él desde la acera descubrió que yo lo percibí y que estoy intrigada. Nos une el secreto: el que yo desconozco y el que a él le urge compartir.

Siento como se agita nervioso por su habitación. No. No tocaré a su puerta. Me voy escapando por el pasillo, logro regresar a mi cuarto y respirar. Comienzo a revolotear de lado a lado, enciendo el televisor, hago que frego los trastes, se me escurren los platos de los dedos y ya no encuentro qué más hacer cuando surge un toqueteo sólido e insistente en la puerta y al abrir él se lleva los dedos a los labios y susurra: "ha pasado algo terrible, quiero contártelo"...

## II

Correteaban en automóvil por el caserío en busca de "unicornio", pero sólo había "estrella" y "fantasma". Tenían que darse prisa, porque antes de las dos eran a quince y después de esa hora eran a veinte. Iban por la esquina cuando él se fijó en unas mujeres frente al cafetín, paquetes, refrescos y cerveza en mano, que cuchichean entre sí, miran y señalan con insistencia a alguien. No hizo Erik, el otro, más que dar la curva, cuando sonó aquello como un gran portazo tras ellos y escuchan a las mujeres gritar como locas: "¡Lo hizo!, ¡Se mató, se mató!". Aumentan la velocidad y más allá les ofrecen, como pirañas hambrientas, "fantasma" y ellos reclaman: ¡"Fantasma" no!, ¡"Unicornio"!, ¡"Unicornio"!... Pero empiezan a sonar las sirenas y no tienen más remedio que agarrar desesperados dicho "fantasma" y salir huyendo entre los lirios... Erik dijo que la vio antes de doblar la esquina. Estaba más allá del grupo del cafetín. Era una mujer vestida de verde y de pelo negro. Tenía la cara demacrada y mirada de loca...

Entre vino y pedacitos de queso comenzamos a reconstruir todos los aspectos posibles de la mujer en verde: ¿qué clase de vida llevaría?, ¿qué sabían, qué comentaban de ella las arpías del cafetín?, ¿con quién vivía?, ¿estaba casada?, ¿tenía hijos?... La mujer de verde se nos fue metiendo cada vez más adentro... Es increíble cómo algo que ocurrió tan sólo un instante, de tan sólo doblar una esquina nos esté atando todas estas horas para indagar y deducir la adversidad que condujo a una mujer a terminar con su vida.

Para él, la mujer en verde, gruesa y ya medio envejecida, debió ser una prostituta que ya le apestaba existir. A lo mejor se contagió de Sida y no pudo resistirlo. Por un rato, fui defensora sin cansancio de que la mujer, en su traje verde desteñido, había arrastrado varios embarazos y abortos difíciles. Mujer sufrida, sin educación, sin trabajo fijo, con un marido o compañero que la somete, que la golpea, que no le permite buscar algún medio que le permita independizarse... Sí, su marido la somete, la hace callar a golpetazos. La pobre mujer de verde debió estar atragantada por el miedo y los moretones.

Él, desesperado al fin, menciona otras posibilidades. Quizás la mujer en verde, mafiosa, tiradora de cocaína, no pudo cumplir, tiró una cañona, se calentó y el miedo mismo la hizo matarse. Por otro lado, quizás no pudo soportar que el marido le pegara cuernos o a lo mejor estaba desquiciada, una de esas viejas esquizofrénicas que se lanzan en mitad del tráfico a recoger latas y cachibaches. Yo, por el contrario, continué mi cruzada e insistí en que el hambre y la soledad a veces nublan la razón.

... No sé si es el cansancio o el vino, pero la mujer en verde cada vez toma una nueva forma y circunstancia... No entiendo lo que nos está pasando. Pensar, idear, recrear a la mujer en verde se ha convertido en una necesidad imperiosa. Apenas podemos detenernos. Determinamos por fin dejar atrás el tema de las posibles explicaciones. "Ya comprobaremos mañana en el periódico cuál de los dos ha acertado", dijo. Sin embargo, sé que nos hemos quedado cortos en la gama de posibilidades y que tal vez, a la larga, no nos baste con la versión sensacionalista y coloreada de la prensa. Quizás deberíamos atrevernos a ir al velorio, enfrentarnos cara a cara con el cuerpo y escuchar el llanto y los comentarios de los familiares, conocidos y enemigos que nunca faltan (incluyendo a las arpías del cafetín).

Comenzamos entonces a imaginar sensaciones: la sangre brotando a chorros, los sesos desparramados... Es alucinante la vasta capacidad de la mente humana. El olor de la sangre-vino nos embriaga. De repente he lanzado una carcajada idiota, siento un cosquilleo inusual en los huesos... luego me arrepiento, me siento culpable y me quedo seria... No debería reírme, pero es que es una locura increíblemente graciosa: me veo en mitad de la calle, todo mi cuerpo extendido plácidamente, el cuerpo vestido de verde, vestido o ¿desnudo?... mi pelo negro sobre un charco, los ojos abiertos, un pedazo de seso por aquí otro por allá. Estimula esta sensación tan extraña, me gusta... me alimenta... siento la caricia del sol y del viento sobre mi cuerpo mutilado... Percibo una mezcla de olores a sangre, a calle, a barrio, a podredumbre... El dolor comienza a arremeterme con violencia, con locura... Ya no surge del cráneo destrozado. Es un desgarre que nace en los muslos como si una enorme daga atravesara y royera todo por dentro... El cuerpo convulsiona con violencia, la sangre salpica por todos lados... ¡No puedo ni quiero detenerme!...

¡No es posible que esté muerta porque el peso de la muerte sigue aplastando resquebrajándome! ¡Debo estar loca, pues sólo deseo seguir muriendo cada vez más!... ¡¡Que no se detenga la agonía hasta que se haya vaciado la vida por completo!!... ¡¡¡Sigamos convulsando, indefinidamente, dentro del éxtasis del más tempestuoso de los orgasmos mutuos!!!...

### III

Hace horas que salí. Dije que iría al trabajo. Quería estar sola... Estoy demasiado confusa para entender. He dado vueltas por las calles, desesperada, agitada... Trato de encontrarme, de tranquilizarme... siempre he tenido miedo de mí misma... Intento escuchar los comentarios de la gente alrededor, pero nada... Hablan de otras cosas. No sé cómo ir a la farmacia y comprar el periódico. No encuentro cómo enfrentarme al rostro de la mujer de verde en la portada... No sé si tenga el valor de saber por fin cuál es su historia. Es una locura, la mujer de verde se ha convertido en parte de mí y yo en parte de ella: he sangrado por sus heridas, conozco el dolor de su llanto. Podría intentar negarme a leer su historia, pero dejaría de seguir viviendo: urge saber quiénes somos...

He comprado el periódico tratando de no ver la portada. Me alejo a una esquina, me siento en el banco de una parada desocupada y comienzo a indagar. En la portada hay otros cadáveres, no el mío. Paso rápidamente páginas y páginas hasta que tropiezo en la diez con un pequeño cuadrito cuyo título alude casualmente a un suicidio...

Corro como loca por todo Río Piedras. Las llaves del hospedaje se me caen. Toco y toco repetidamente a su puerta. Sé que está ahí. Lo siento... lo huelo... ¡Si no avanza soy capaz de derribar la puerta!... No hace más que abrir y le zumbo todo: "¡No fue ella!... ¡No está muerta!... ¡Salió en el periódico!... ¡Ustedes se equivocaron!... ¡Fue un hombre, un borracho idiota que se quitó la vida sin razón aparente!... ¡¡Ella está viva!!...".

El permanece quieto. No habla. Está desnudo, despeinado, molesto... "No estoy solo...", finalmente dice. Y yo caigo en cuenta, me achico, voy retrocediendo, sólo digo avergonzada: "Sí... perdona... entiendo... está bien... después hablamos..." Y sigo alejándome poquito a poco hasta que logro encerrarme en el cuarto...

## IV

... Ayer, domingo en la tarde, no pasó nada... o sí pasó... Lo vimos o simplemente yo lo creí... La mujer de verde, si realmente existe, debe seguir vagando por el caserío. Quizás es más feliz que yo... No tengo forma de saber si existe y si de verdad estuvo allí en aquel momento. Tal vez ni siquiera vestía de verde... Ignora por completo que, en la vida de un par de seres, estuvo muerta por varias horas, que forjamos una historia alocada alrededor de su muerte y que lloramos y nos excitamos ante la imagen nauseabunda de su cuerpo destrozado... No sabrá nunca que su muerte ilusoria desencadenó complejidad de emociones y de sensaciones y que es muy posible que arrastre a infinidad de consecuencias...

El ahogo y el llanto se van poco a poco. Nada es totalmente perdurable. Me lavo la cara, escudriño por un rato el armario hasta encontrar un traje adecuado y me lanzo a la calle con todos mis ahorros en el bolsillo. La compra no ha sido fácil. Nunca antes me había adentrado al mundo subterráneo de las calles. Desconfían. No los culpo, es natural: tengo cara de niña buena. Aún así, persevero, logro mi propósito. Aguardo un buen rato semi escondida en la esquina frente al hospedaje y cuando no hacen más que bajar y entrar al auto, les grito: "¡¡¡Miren!!!", y me apresuro a sacar el  arma del gran bolsillo verde...

## V

... Caray... Por un instante estuve a punto de colorear esta esquina de Río Piedras de sangre y sesos... Pude haberle regalado a la prensa una historia extraordinaria que contar... Pero... no importa... Logré de algún modo hacer de esta tarde de lunes diferente. Ya nada será, definitivamente, igual. Él lo pensará dos veces antes de atreverse a volver a tocar a una puerta, pues ya nunca tendrá la certeza de saber a cuánto podrá llegar quien responda del otro lado. Mientras que la mujer de verde, allá en el caserío, tiene ante sí, sin saberlo, una infinidad de posibilidades que hubieran concluido de haber enfrentado la muerte ayer en la tarde. Y yo, aún cuando esté sentada en la baranda observando a la humanidad pasar o me decida por fin, y definitivamente, adentrarme al torbellino de las cosas ajenas, ya no podré olvidar que aún permanezco de pie; que pude elegir; que no sucumbí ante la tentación y la locura de apresurarme a utilizar la primera puerta de salida...

... Ambas, en puntos diversos y distantes de Río Piedras, y sin mucha posibilidad de que la suerte nos permita encontrarnos y reconocernos, por alguna buena razón del destino continuamos con vida. Aunque... sabemos muy adentro que aún no estamos totalmente a salvo. Lo que suceda mañana dependerá simplemente de nosotras mismas, de cómo nos enfrentemos y nos atrevamos a lidiar con las cosas, ya sea con las nuestras como las ajenas...

De todas formas, y por si acaso... mi traje verde permanecerá escondido en lo más recóndito del armario... al menos por un tiempo...

Edgardo Nieves Mieles

Edgardo Nieves Mieles (hatillano) nació en Arecibo en 1957. Ha publicado en el suplemento *En Rojo* del semanario *Claridad* y en la revista *En Jaque*. Inédito aún se encuentra su libro de relatos *Los mejores placeres suelen ser verdes*. Su obra poética es una importante aportación que ha sido ampliamente difundida y premiada: *El ramalazo de semen en la mejilla ortodoxa* (1987), *El amor es una enfermedad del hígado* (1993).

# HAY UN REFUGIO
## (CON FRECUENCIA MODULADA)
### EN LA NUBE DE COCAÍNA
### EN LA QUE VIVE GEORGIE PIÑACOLADA

*Está nevando en Puerto Rico*
*y no es ni siquiera Navidad (...)*
*Está nevando*
*y no es un catarro en la nariz.*

Glenn Monroig

*A Papo Impala, hermano putativo de Georgie;*
*a Antonio Martorell, por su "White Christmas"*

El astronauta del Condado quiere pasarse la vida mirando a través de una cebolla de vidrio. Se ha acostumbrado demasiado al dedo de terciopelo en el gatillo caliente. Pero cada vez que **The man in the moon sniffing coke from a spoon** corrobora que la luna no es ya de queso, se le encebolla el hígado. Entonces, después de renegar de la satisfacción que le provee ser disk-jockey en tan renombrada emisora, el muy pulpo, vuelve a soltar la nube de tabaco y las manos se le deshacen en una lenta lluvia de conejos blancos. Una vez recubierto de esa fina capa de gloria, huye en un submarino amarillo hacia el bosque de fresas donde vive Alicia, la chica de los ojos  calidoscópicos.

> "I took for the firts time 0.05 gr. of cocaine....A
> few minutes later, I experienced a sudden ex-
> hilaration and feeling of ease."
>
> 28-year-old- Sigmund Freud

¡La cama tiene tantas patas! Parece una cucaracha borracha de la risa. ¿Serías capaz de serrucharlas de un sólo golpe, James Dean?

**Cocaine— "the Cadillac of drugs" —was once known as the plaything of jazz musicians, kinky movies star and the dissolute rich. No longer.**

Todo tenía un ritmo diferente esa mañana, como si el tiempo no fuera ya oficio de relojes.

Cocaine is ego food. It promotes a kind of fascism of the self.

A menudo sueño que soy un cíclope de nombre Descartes encerrado para siempre en un fabuloso castillo de azúcar. Luego, una manzana me cae en la cabeza e interrumpo nuestra programación para transmitir un boletín urgente, "acabado de recibir: King-Kong escapó de los estudios del Cerro Maravilla y se ha subido a la Torre de la Universidad de Puerto Rico. Sospechamos que consigo tiene a Miss Piggy, a quien secuestró cuando salía de un drive-in con su flamante prometido, Wilfredo Gómez... Y ahora, estimados radioyentes, sigan disfrutando de esta maravillosa noche de San Juan con 'Plástico', a cargo de la primerísima orquesta de Willie Colón, vocalizando Rubén Blades... En la CH-69, Georgie Piñacolada. ¡Quédate conmigo!"

Angelo Mariani, a Corsican chemist, made a fortune from a preparation of coca extract and wine called "Vin Mariani" that rapidly became one of the most popular medicines of the age. His company also sold coca extract in the form of tonic, tea, throat lozenges, and pâté. His products received enthusiastic testimonials from physicians and prominent citizens such as Pope Leo XIII, the Prince of Wales, Thomas Edison, and Ulysses Grant. It was immensely popular among writers, intelectuals, actors, actresses, singers, musicians, and other entertainers, just as cocaine is today. Robert Louis Stevenson reportedly was inspired by cocaine when writing "The Strange Case of Dr. Jeckyll and Mr. Hyde." Sir Arthur Conan Doyle, a physician familiar with cocaine, created Sherlock Holmes as an occasionally heavy user who, though knowing the drug was bad for him, injected it because he found it "transcendentally stimulating and clarifying to the mind."

Te lo vuelvo a repetir: aunque no te discuto que en sus tiempos otro gallo cantaba, ya ni siquiera las bragas de Sonia van con el gusto de la época. Estamos en la era de la vagina que canta: Madonna. Además, Greta es ya un recuerdo demasiado gris. No le hace honor a su apellido... Oye, James, ¿qué significa ese arcoiris negro que asoma en tu chaleco?

Otras veces sueño que sorbo my bloody mary y soy un enorme murciélago de gafas oscuras (nada tiene que ver con el pulgoso hombre murciélago, Bruno Díaz), tomando baños de sol junto a Iris Chacón en el Polo Sur.

Hace algún tiempo, llegué a soñar que despertaba sudando frío y, en medio de la afiebrada pesadilla, comenzaba a vomitar unos tiernos y tibios chorros de tigre que no tardarían mucho en seguirme por todo el apartamento como si yo fuera su madre. Al cabo de varias semanas terminé acostumbrándome a su ya no tan absurda presencia, pues los muy gatunos trabaron entrañable amistad con Basilio Gómez de la Serna, mi perro salchicha. Pero en este momento soy el capitán Ahab tratando de matar la legendaria ballena con un frasco de insecticida.

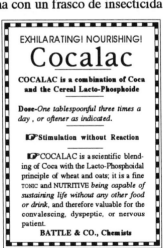

El cielo sigue siendo de mermelada; los taxis, Albizu y Lolita, de papel de periódico; las mariposas, de mantequilla; Jaime Benítez y el ROTC, propietarios del Alma Mater.

Cocaine is an expensive high. A typical evening's dose—
about 150 miligrams of cut cocaine—costs $15 to $25.

Un jardinero ocupado en el excesivo cuidado de la grama deja a un lado las tijeras. Del otro lado de la verja llega un murmullo melodioso, como el de muchas abejas en plena faena. Allí ve a una mujer desnuda. Es hermosa. Está arrodillada sobre un espejo de grandes proporciones. Con el rostro convertido en una brasa viva, él presencia cómo ella se inclina y lame la hoja de azogue hasta desaparecer.

Mientras el Judío Errante le obsequia girasoles rusos a Nydia Caro, un caballo de anís come higos en la palma de mi mano y la caravana de pingüinos (cada cual lleva en el pecho un escapulario con mi foto) atraviesa el ojo de la aguja rumbo a Sahara, donde la sirvienta de la casa por años ha venido predicando que si duermes con perros, despertarás con pulgas.

Like amphetamines, cocaine taken in large doses can cause delusions of grandeur and paranoia. Both drugs can also cause the user to become totally absorbed in relatively meaningless, repetitive tasks, like sewing, cleaning, or typing. Although cocaine abusers often report delusions and hallucinations when under its influence, it is doubtful whether the drug ever causes chronic pshycosis — one that persists long after the drug is withdrawn.

Hoy es la noche de San Juan y las cabras medran en la Vía Láctea. Siento la boca pastosa. En Vietnam, Granada y Panamá está lloviendo ketchup. También en Somalia y en Bosnia-Herzegovina. Saco la lengua. ¡Es una lechuga! Un cerdito con alas fosforescentes se posa en ella, dice hola y desaparece... Estoy muy cansado... Los dinosaurios se divierten de lo lindo echando a volar sus chiringas... Necesito dormir...

Cocaine's escapist properties were quick to spread among the rich and the famous. It is believed that Jean Cocteau, Aldous Huxley, and Arthur

Conan Doyle used it –as well as
Doyle's fictional friend Sherlock
Holmes.

La autenticidad de la vida de este Ícaro moderno ha sido y es la falta de autenticidad.

There are many ways of taking cocaine. It can be dissolved in water,
sprinkled into cocktails or dabbed
onto a cigarette and smoked.

Los restos del Mayflower están en el lado oscuro de la Luna. Quiero cerrar los ojos, pero no puedo. Me lo impide un parpadeante aviso de neón: Y YA CON USTEDES, EL BAJAPANTY MAS GRANDE DE PUERTO RICO, EL DORIAN GRAY CARIBEÑO: GEORGIE PIÑACOLADA. El tiranosaurio acaba de soltar su chiringa. Se me acerca zigzagueando (en una de sus ¿manos? trae la botella de pitorro) y, con una voz idéntica a la de Glauco del Mar, recita "El brindis del bohemio". Al terminar su brindis, enciende un cigarrillo y me susurra que el 936 es un número bonito, que lo juegue en la "bolita", y se aleja dando tumbos entre bocanadas de humo americano... Tampoco puedo detener mi cerebro... La enfermera que vende bigotes de manubrio en una cesta, le besa la mejilla a Porfi Rubirosa, su acompañante, y me entrega un espejo en el que no tengo nariz... ¡Moscas! ¡Otra vez las malditas moscas azules! ¡Alicia, quítamelas de encima, por favor!

Businessmen use it to get going in
the morning and entertainers use it to
keep going at night.

imagen de GEORGIE en el espejo: ¿Sabes lo que eres, Trucutú con corbata?

GEORGIE: ¿Yo? Yo hace rato que le vengo comiendo los dulces a Ultramán.

imagen de GEORGIE en el espejo: Tú sólo eres la tierra debajo de mis uñas.

Like others stimulants cocaine gives
an often deceptive feeling of improved

intellectual and physical capacity. But while stimulants, especially amphetamines, often improve performance on simple mental and physical tasks, they do not improve performance on more complex tasks. In fact they may even reduce the quality of performance by inducing anxiety, restlessnes, or overestimation of one's capacities. According to the little we know definitely about cocaine, it improves attention, reaction time, and speed in certain simple mental tasks. For work that requires wakefulness, a free flow of associations, or the suppression of boredom and fatigue, it can be helpful. But no drug can provide capacity or talent for those who lack it.

Frente a la plaza de mercado de Río Piedras, el peregrino alborotador de conciencias desciende de la güincha con altoparlantes. (Del espejito retrovisor cuelga un retrato laminado en el que aparece Jorge Raschke abrazando a Pedro Roselló.) Acude puntualmente a la cita con su Señor. Se mueve con paquidérmica complacencia. Como todo buen gladiador al servicio de Jehová, está preparado para la dura batalla con El Enemigo. Sabe que la sabiduría es Poder. Vive apegado a ese precepto como un recién nacido al pecho materno. En su furiosa garganta almacena el aterrador catálogo de castigos infernales.

Tiene la piel totalmente cubierta de relucientes citas bíblicas.

—¿Sauerkraut, ketchup, mostaza?—pregunta la joven jotdosera.

—Con todo, por favor—responde él mientras su hambrienta mirada intenta corroborar la bronceada y escultural autenticidad que el dental floss bikini de ella predica a gritos.

Justo enfrente de la güincha, se me antoja que haya un jíbaro asando un lechón bajo la amable fronda del también infaltable flamboyán florecido.

Desde un banco de hormigón y a la sombra de un palo de maga, la muy despreocupada (y desinhibida) Madonna deja que el viento le acaricie el rostro y hunda sus largos e invisibles dedos en su cabellera de cerveza mientras ella observa al jíbaro y come pizza tal y como Dios la mandó al mundo.

Un tanto más allá, Tarzán camina resueltamente entre la manada de gente que hemorragia el "desierto" de la comercial Calle de Diego. Las chucherías y el oropel de los escaparates estimulan los anillos de fuego de su felina mirada. En una de sus manos carga un mazo de aromáticas azucenas envueltas en una hoja de *El Vocero* que ayer leyó el yerbero de la botánica.

Además de su acostumbrada melena, el rey de la "otra" selva luce unos ceñidos y azulísimos mahones Pepe.

# La chispa de la vida

imagen de GEORGIE en el espejo: ¿Has visto cómo un toro castrado se transforma en buey?

GEORGIE: "...y en mis ojeras se ven las palmeras borrachas del sol..." Oye, ¿qué carajo haces con mis sueños? Uno no tira los sueños de nadie en el cesto de la basura.

imagen de GEORGIE en el espejo: Tú eres un virus: una vez entras, ya jamás te quieres ir.

**Un nuevo refresco llamado "Coca Cola" fue dado a conocer en Atlanta. El invento se debe al genio de un boticario, el doctor Pemberton.**

*A*tlanta, 1886.- El doctor Pemberton, un boticario de esta ciudad, patentó y puso a la venta una nueva bebida refrescante llamada "Coca-Cola".

El refresco– elaborado con diversas sustancias vegetales, extracto de hojas de coca y gas carbónico inyectado– es de sabor dulzón y su inventor lo recomienda por sus amplias virtudes tonificantes y terapéuticas.

Dicen que quien pruebe esta bebida nunca más la podrá dejar de tomar.

Frente a las puertas de ese otro paraíso, Plaza Las Américas, presencio como el cardenal Luis Aponte Martínez le habla al Hijo de Dios sobre las virtudes de las tarjetas de crédito. Jesucristo no le escucha. Prefiere observar detenidamente las doradas zapatillas del vistoso ropaje, las sedas, terciopelos y encajes de exquisita confección que viste Su máximo representante en la Isla. Al éste percatarse de la escrutadora mirada del humilde y descalzo excarpintero, enmudece. Ya frente a JC Penney, al príncipe de la Iglesia se le suelta nuevamente la lengua, sólo para insistir en las innumerables bondades de las tarjetas de crédito. Pero esta vez Jesucristo se reafirma rotundamente en su desinterés por adquirir la Plaza Card.

P erú, 1553.-Los soldados españoles están sufriendo duramente los efectos de la altura en sus desplazamientos por tierras peruanas. *"Se padecen tremendos dolores de cabeza y fatiga hasta que uno logra acostumbrarse"*, manifestó a este periódico un extremeño de la hueste de Pizarro.

*"Los indígenas son insensibles a estos padecimientos"*, agregó, *"permanentemente se los ve masticando unas hojas de una planta que llaman coca, que dicen obra milagros en la altura. Rumian todo el día como vacas"*, concluyó.

Busca desesperadamente un asidero donde detener el vértigo de su caída.

Today, seven decades after a grisly procession of ruined lives resulted in federal restrictions on the drug, some 4.5 million users in the U.S. confirm Santayana's axiom that "those who cannot remember the past are condemned to repeat it."

En el parque hay un anciano. Luce un atuendo demasiado elegante para la hora y el clima. Rurr rurr. Dijo llamarse, rurr rurr, Nikki. Nikki Tesla. Tiene una expresión radiante en el rostro. Está embelesado engullendo sus voraces amigas patirrojas, rurr rurr, que ya no piensa en el antes tan soñado aparato para fotografiar pensamientos en la retina de mis, rurr rurr, ojos.

Sobre su sombrero, rurr rurr. En sus brazos extendidos, rurr rurr. Sobre sus manos, rurr rurr. Cientos de palomas de todos colores haciendo rurr rurr en el, rurr rurr, Parque de las Palomas. Rurr rurr.

When sniffed, cocaine produces a cold or numb sensation in the nose and palate, and can anesthetize the taste

64

buds. In general, it increases the heart
beat speeds up breathing, raises the
body temperature, and occasionally
causes sweating. It also raises the
blood-sugar level, increases the
muscle tone, constricts certain blood
vessels, and causes dilation of the
pupils and dryness of the throat. With
larger or excessive doses, especially
by injection, cocaine can produce
headache, cold sweat, rapid and weak
pulse, hyperventilation, nausea, ver-
tigo, tremors, and convulsions, un-
consciousness, and even death.

GEORGIE: A mí no me gustan las prendas.
Las uso para complacer la
vanidad de las mujeres.

imagen de GEORGIE en el espejo: Discúlpame un momento,
dañarropa, en lo que me
acomodo nuevamente la
mandíbula.

GEORGIE: Disculpa tú mi sabiduría de
calle y callejón, pero aquí
tú no picas ni pa pul ni pa
banca.

imagen de GEORGIE en el espejo: ¡Qué sabiduría callejera ni
qué ocho cuartos! Aquí lo
único que no se podría
disculpar es justo tu jojota
sabiduría. Y no olvides que
quien ríe último, ríe mejor.
Felices sueños, pirata de
agua dulce.

McDonald's withdrew a plastic cof-
fee stirrer after learning of its use as
a coke spoon. It was even copied in
silver.

Los niños se masturban en la copa de los árboles. El Monje
Loco observa una hilera de faisanes que, trotando, le atraviesan
el pecho a mi hermana. Ella se embadurna los pies con mostaza

y, orgullosísima, revela lo agradecida que está a Cosmopolitan, pues ha seguido (con inmejorables resultados) el consejo de tener más orgasmos para cada día ser más bella. El Monje sonríe enigmáticamente. Mi hermana comienza a sudar plata, la torre de Pisa se me viene encima y Freud la emprende a patadas contra mi otro yo.

> Since the "Ballad of Cocaine Lil" became well-known in the 1920s, popular music has contained open references to cocaine. From the mid-1960s on, rock musicians have continued this tradition: the Rolling Stones have sung about"coke and sympathy", and "Sweet cousins cocain"; the Grateful Dead sang of Casey Jones "Driving that train/High on cocaine"; the Jefferson Airplane proclaimed, "Earth Mother, your children are here/ripped on coke and candy."

Es la caída de alguien que no tiene donde caerse porque nunca antes se ha levantado.

> Cocaine may improve performance in routine, repetitious physical labor that requires mental concentration. It can also fortify the body and mind —at least in the short run– for the kinds of performance that require boldness, confidence, and a feeling of mastery.

"¡Levántate y anda, Boris Karloff!"

Cada vez que oigo a Tito Rodríguez cantando "cara de payaso, boca de fantoche", no sé porqué diablos recuerdo a Eddie Miró... ¡Qué! ¿Quién se atreve a insinuar que Rey Francisco Quiñones y Armando Yanés tienen mejores voces que yo, el Georgie Piñacolada de la CH-69? La enfermera se me acerca. Sonríe burlonamente mientras se desnuda. Su cuerpo es impresionante. Tiene la piel y los labios tatuados con emblemas de cervezas y bebidas carbonatadas: Old Colony, Budweiser, Coca-Cola, Heineken, Pepsi, Coors, 7 Up, Miller, Orange Crush... Ahora está arrodillándose sobre las aguas de un espejo que atraviesa mi ¿cuarto? Se inclina y lame su imagen. Es la misma mujer que antes vio el jardinero. De pronto, todo un séquito de aleluyas me grita que capee del Evangelio, que me meta a Cristo por las venas y me arrebate con el Espíritu Santo. ¡Geñito! "Diablito" Rodríguez, Yiyelandia, malditos Cristoteamaviene, ¡váyanse todos al mismísimo infierno! Luego de un breve silencio, escucho la voz de la escultural enfermera: "Eat that dust, honey, it's good for your lungs!" ¡Aahh, exhalo amapolas y la felicidad es otra cuchara llena!

> The café society of the 1930s sang a popular Cole Porter song with the line, "I get no kick from cocaine/I'm sure that if/I took even one sniff/It would bore me terrifically, too/But I get kick out of you."

La mañana entró por las ventanas, sigilosa como ladrón, y de un sorbo se bebió toda la mediocridad molusca estancada en el penthouse de un lujoso hotel del Condado.

> Cocaine has attained a reputation as an aphrodisiac in part because of its use by fashionable people who are assumed to have exciting sex lives. Cocaine's reputation may be true in the sense that any drug that reduces inhibitions can heighten erotic desires and fantasies. It may therefore improve sexual performance and enjoyment, at least temporarily.

"Bip-bip... Planeta Tierra llamando al comandante Piñacolada, ¿nos escucha? Bip-bip... Control terrestre a comandante Piñacolada, ¿nos escucha? Conteste, Piñacolada. Conteste."

> ...cocaine came back in to vogue with the 1969 film *Easy Rider,* whose pair of antihero snorters sat a pace for the decade that followed.

Pero al despertar el fakir, todavía la cama de clavos no se había convertido en lecho de rosas ni Vicent Van Gauche decidía cortarse la oreja que le enviaría a su amada Marilyn Monroe.

> The National Institute of Drug Abuse estimates that 2.6 million men (14 per-

El cuarto está lleno de humo. De un humo espeso y de hongos sicodélicos. De un olor saturado de decibelios... Ya no escucho el ruido de las estrellas... Siento mi hígado navegando a la deriva, como un barco ebrio en alta mar. (A lo mejor me cayó mal el salmorejo de jueyes. ¡Con lo rico que estaba!) ¡Ay, si Dios no se moviera tanto mientras está haciéndose! Las piedras se convierten en una bandada de pericos que se suicidan estrellándose contra las ventanas de cristal. Uno de ellos me dejó caer una esmeralda en la cabeza. Che Guevara entra mascando chicle. Esta vez no usa su inseparable boina; usa una gorra de los Yanquis de Nueva York y gafas oscuras. Debajo de su brazo izquierdo trae una tortuga de considerable tamaño. La coloca en el suelo y le da de comer espinacas en el plato de mi perro. Sólo que en lugar de BASILIO, el plato tiene inscrito ahora el nombre REVOLUCIÓN... Che deshoja una margarita y, con voz apenada, me dice que Alicia ya no vive más aquí. Detrás de él entra con una expresión comemierdísima en la cara, la Sra. Carol Myles abanicándose vigorosamente, y me grita que yo no soy más que un escritor frustrado metido a locutor de segunda y, si con eso no bastara, tecato. Yo bostezo y le respondo que ciego de nieve sí, pero tecato no. Antes que la distinguida dama y el Che se esfumen, ella me tributa soberana trompetilla y yo le arranco las manecillas al reloj.

Quizá hoy sigue siendo el mismo niño travieso que revoloteó en la nieve un 6 de enero hace ya treintitantos años. El que al ver que aquel gigantesco pero precario muñeco de nieve se derretía, lanzó un grito que cruzó como un rayo la ociosa tarde del Sixto Escobar: "¡El muñeco se está volviendo mierda!".

An enterprising 19th century Corsican named Angelo Mariani had the notion of blending the coca leaf with finewine, which he marketed under the name of Vin Mariani. Mariani collected endorsements from Popes Leo XII and Pius X, President McKinley and the Kings of Spain, Greece, and Norway and Sweden, as well as such literary luminaries as Jules Verne, Alexandre Dumas and Emile Zola. French Sculptor Frédéric Auguste Bartholdi, designer of the Statue of Liberty, swore that if he had only savored Vin Mariani earlier, he would have built the old girl hundreds of meters higher.

¡Qué significa este semen que me baja por la nariz! ¡Por Dios, John Lennon, dónde te has metido!

Cocaines long-term effects on endurance and performance remain unclear. However, we do know that stimulants cannot save energy. They can only redistribute its expenditures. It is impossible to drive one's body for a long time, with or without stimulants, and not pay the price in physical exhaustion. Eventually the body has to "come down" or "crash".

El tiqueteo continúa solemne. Implacable. Carnívoro. Georgie agarra nuevamente el reloj y lo lanza contra la pared.

Un insondable abismo de silencio sobreviene. Al fin paz... Pero la tregua no dura mucho. El teléfono empieza a sonar sin descanso.

Rock and roll picked up the beat. A 1970 Grateful Dead release had Casey Jones "Driving that train / High on cocaine." Steppenwolf's 1971 "Snow Blind Friend" "said he wanted heaven./ But prayin' was too slow./ So he bought a one-way ticket / On an airline made of snow."

La costa amaneció alfombrada de algas. Sacudo los estambres

a mural on a tenement wall, an eagle clutching a hypo above the legend in red letters:COME FLY WITH ME FOOL! de mi bigote y ya no vuelve a "nevar". ¡Uufff! Entonces me viro del otro lado y dejo que el teléfono suene hasta el día del juicio final.

$C_{17}H_{21}NO_4$. *A derivative of* Erythroxylon coca. *Otherwise known as cocaine, coke, C, snow, blow, toot, leaf, flake, freeze, happy dust, nose candy, Peruvian, lady, white girl. A vegetable alkaloid derived from leaves of coca plant. Origin: eastern slopes of the Andes mountains. Availability: Anywhere U. S. A. Cost: $2,200 per oz., five times the price of gold.*

22 de oct. de 1985 - 16 de mayo de 1990; 25 de dic. de 1992

# EL MONO GRAMÁTICO*

*La semana pasada, el mono, pobrecito, no pudo más. Su corazón, que desde hacía unos meses había empezado a fallarle, se paralizó para siempre. Y el alma de Clyde, tan pura, voló al cielo de los antropoides. Y allí él está ahora, al fin feliz, alegrando con sus "monerías" a todos los espíritus que lo rodean. Sin que nadie lo aporree. Departiendo con el espíritu generoso de Darwin, que lo visita todos los días.*

*Francisco Vergara,* El Nuevo Día (Por Dentro)
*17 de septiembre de 1985, p.58*

A *Yuyo;* ¹ a *Clyde,* in memoriam

Con unos ojos color Coca-Cola, él, mirando desde la ventana de esa codiciada y todavía distante habitación hasta tropezar con el ya habitual fogonazo magenta: otro canario que había salido en busca de su jaula, acaba de achicharrarse en el cerco eléctrificado. Tras tomarse todo el café del termo, veloz e higiénico, otra vez nos obsequia su sonrisa inalámbrica. Es entonces cuando, con una puntualidad simiesca, reiniciamos el lento pero necesario infierno de lustrar hasta lo indecible los barrotes de nuestra celda. Nuestra estrecha e incómoda celda.

Después seguiremos cavando la torre de Babel.

En el cenit de su carrera, el mono acaba de traducir (por qué no decirlo), impecablemente, los sonetos de Shakespeare. No pudiendo contener la espectacular simiedad de su euforia, estalla como una piñata. Se sube al escritorio y, ejecutando a la perfección volteretas ya casi olvidadas, salta repetidas veces sobre las teclas hasta dejar convertida la Smith Corona en un amasijo de signos y plástico.

(Sería bueno indicar, además, que en esta ocasión prescindió del consabido y en cierta medida ya cursi "¡eureka, eureka!")

Y en el suelo, completando el inventario de bienes afectados por su desmesurado regocijo, la histórica foto en la que aparece él extendiéndole su negrísima mano a La Novia de América, dos o tres columnas de "Estimada Abby", la novela de Edgar Rice Burroughs, las *Fábulas* de Esopo, el rompecabezas del ahora difunto florero, las rosas de cobre, un *Método de versificación* según José Angel Buesa y *El libro de los médiums* de Allan Kardec.

Sin que mis compañeros lo noten, me acaricio la pequeña protuberancia en la parte superior del trasero, para confirmar ese insoslayable estigma, a ver si de ayer a hoy ha crecido un poco; sólo un poquito más.

Echado hacia atrás en un gesto exageradamente aristotélico y tomando al mismo tiempo una manzana de la cesta de frutas, evoca sus tímidos comienzos, allá en la Sociedad de Amigos del País, en el Club de Damas Cívicas de Ponce. (Muerde la jugosa manzana.) Poco después vendrían las exitosas giras en Atlantic City, Broadway, Las Vegas. (Sonríe ampliamente.)

"Los papeles se han invertido. Ahora son ellos quienes piensan con la barriga, quienes limpian su cuchara en el mantel. Como decía mi último maestro: la estupidez humana no tiene fin."

Una brisa metálica perfuma la jaula de la costumbre.

Ya más tranquilo, regresa a la silla. Contempla las estrellas por la ventana. Extrae una garrapata de su axila derecha. (Es casi del tamaño de una uva y no deja de mover sus ocho patas.) Con una aguja, procede a destriparla rigurosamente. Luego le arranca, una a una, sus patas y la moja en alcoholado. Finalmente, la coloca sobre una cajetilla de fósforos y le pega fuego. El ácaro arde como Hiroshima.

Las llamas le recuerdan la que fuera su diversión favorita. Función tras función, aguardaba el acto de los trapecistas que, encaramados allá arriba, muy alto, cerca del cielo de neón, se lanzaban, se balanceaban, saltaban; luego, ella volaba a sus brazos, entonces, él la llevaba de un lado para otro, suspendida del pelo con sus dientes.

(Nadie disfrutaba como él tan temerario y hermoso acto.)

Concluida la función, regresaba, perturbado por el estruendo de los aplausos, a su oscuro recinto.

Ya a pleno sol, el ritmo mudaba de atuendo: con las manos entrelazadas elocuentemente detrás de su espalda, gustaba de pasearse ante las jaulas, inhalando siempre un estupendo trozo de oxígeno impregnado de anticipaciones. Permanecía largas horas junto al aristocrático tigre (de quien hoy confiesa haber aprendido implacables ciencias); admirando al león de dorado pelaje; escrutando el severo ceño de sus excontertulios. Todo ello hasta aquella tarde en la que empezó a sentirse aturdido a medio camino entre una extraña desazón y un rencor entusiasta.

Por una esquina de su memoria cobra vida la insolente imagen de once monos voladores, once monos con esas bellas, fuertes y traslúcidas alas comunes en la espalda de cualquier mosca, revoloteando y saltando jubilosas por todo el laboratorio de un científico loco ávido de laureles, mientras su hijo idiota, de pie en medio del alboroto, no deja de sonreír.

Pero es otra la imagen que permanece imborrable: la cara congelada del chimpancé en el trance del dolor que produce un nada acogedor baño de radiación. Es una pintura de Francis Bacon convertida en realidad.

Es aquí cuando el recuerdo de aquel tedioso informe a los eminentes señores de la Academia se le disuelve en la boca como una desalmada e inevitable pastilla Chloraseptic.

Una corriente de aire le refresca el talón de Aquiles mientras le sonríe con un poco de ternura y otro mucho de picardía a la foto de Darwin colocada estratégicamente justo en la pared de enfrente.

*\* Perdone, Octavio Paz, el préstamo sin posible retribución de intereses.*

*[1] En estos días relojísimos, varios sucesos han abofeteado la anestesiante indiferencia de nuestro país. Y muchas han sido las páginas acaparadas por el siniestro incendio del hotel Dupont Plaza, sus trágicas consecuencias, y la visita de Libertad Lamarque en ocasión de promover la venta de su "Autobiografía".*

*Ahora, sepultada por las cenizas y el esplendor de las ruinas, con no menor dosis de sorpresa, nos llega la triste noticia de la captura del otrora rey del Monoloro, el monísimo Yuyo.*

*(Hace algún tiempo atrás, el rumor de que Yuyo había sido visto vivito y moneando por los umbrosos barrios de Carolina, pasó inadvertido ante la magnitud del golpe de turno: la irreparable pérdida de ese monstruo de las letras, que respondía al nombre de Jorge Luis Borges.)*

*Diez años de inefable libertad habrían de transcurrir entre su espectacular fuga estilo Toño Bicicleta y su humillante (además de espectacular) captura estilo Lydia Echevarría.*

*El despliegue de armas largas resultó excesivo, ridículo. Nada, pajitas que le caen a la leche.*

*¿Quién desciende de quién, Mr. Darwin?*

9 de diciembre de 1984 - 1ro. de diciembre de 1987

Marcelino Resto León

Marcelino Resto León

nació en Brooklyn en 1963.

Actualmente reside en

Cidra. Ha publicado en la

revista literaria *En Jaque*.

*El ejercicio de lo absurdo y*

*otros placeres elitistas*

(1994) es el título de su libro

de cuentos.

# La hidalguía de mi ingenio

*La única diferencia entre la genialidad y la
estupidez, consiste en que la genialidad tiene sus
límites.*

Mortimer Adler

Ese sentimiento vertiginoso de zozobra, esa sensación de
rodillas flaqueantes, ese soberbio fluir líquido y abrasante que se
apoderó de mi sistema visceral por unos instantes, me recorrió
todo el cuerpo y por unos minutos milenarios me privó del
sentido, robó a mi vida su tiempo y espacio. Era ésta la obvia
culminación de una situación que había comenzado meses antes
con la hidalguía de mi ingenio; había perdido su concretividad
ayer y me arrojaba hoy en un abismo de demencia gracias al papel
que tenía en las manos.

Esa pálida mímica creacionista que me exige una continua
negación de mí mismo con cada producción fue lo que en agosto
dio comienzo a todo. Ayer, seis meses después, sentado entre el
público de la magna premiación del certamen anual de literatura
nacional, saboreaba la callada satisfacción que imaginaba traída
por la realización plena de mi soberbia broma intelectual.

Poseo, para mi dicha, un egocéntrico pero realista
reconocimiento de mi talento literario. Un talento cuidadosamente
cultivado y sometido a una estricta disciplina. Cuando en aquella
ocasión se me propuso participar con algún escrito en tal certamen,
hice acopio de todo ese talento en una creación que consideré,
luego de semanas de ardua labor, una pieza excelsa, de una
calidad pasmante y una verbosidad luminosa. Un trabajo en todo

superior a mis anteriores manifestaciones. Lo curioso sucedió días después cuando me senté en mi escritorio más por novelería que por aplicación. Guiado por instinto inexacto y no por mi acostumbrado rigor disciplinario, dí a luz un cuento que se extralimitaba en calidad temática y que sobresalía por mucho en cuidados estéticos a mi previa narración. Limitado en mi calidad de participante a una sola obra, ya sometida, me incliné por enviar este nuevo relato con la dirección de mis padres y bajo el sugestivo seudónimo de Máximo de Moné.

Conservé mi compostura y frialdad cuando se dio comienzo al anuncio de los premios. Sabía que todos los presentes tendrían al menos una mención destacada en su trabajo y tanto "yo" como "Máximo" habíamos recibido hacía dos semanas aquel elegante sobre certificado donde se nos invitaba al evento. Un número considerable de jóvenes que tenía el rostro manchado por ese orín pestilente del santo de inspiración ocasional para la cursilería, y cuyos ambiguos amagos literarios carecían de la esperanza de reincidir, marcharon en una vergonzosa procesión de "besamanería" burocrática rindiéndole homenaje a los neomedicis impávidamente alineados sobre el entarimado.

Se llamó al tercer lugar en la modalidad narrativa. Un hombre grueso, espejuelado, taciturno, de ademanes parsimoniosos y expresivos y el caminar denso y pesado de un rumiante, se dirigió al frente. Fue un límpido golpe de gloria para mí cuando con voz clara el presentador llamó mi nombre y anunció el título de mi historia como merecedora del segundo galardón. Aquella euforia disimulada casi me hacía reventar la piel. Tenía la certeza de que si el jurado se regía por criterios que de alguna forma fueran semejantes a los míos, mi otro cuento obtendría la máxima presea. El anfitrión se acercó al micrófono y aguardó a que la ovación que flotaba en el ambiente del recinto se disipara para trocarse en un denso sentimiento de expectación. Anunció al ganador como si deletreara con cuidado aquel nombre que dejaba en mi orgullo un sabor dulce y avasallador: Máximo de Moné.

El público se inmovilizó por unos segundos cargados de eternidad. Un hombre sentado en una esquina distante del auditorio se irguió y comenzó a moverse con seguridad en dirección al entarimado a la vez que los presentes explotaban en un rugido de emoción.

El individuo era de estatura pequeña, calva incipiente de unas lanitas grisáceas, ojos vivaces y una sonrisa amplia y satisfecha; vestía una camisa de seda amplia y fresca, de color blanco, un pantalón ancho, elegante, de tiempo impreciso y unos mocasines marrón que se deslizaban por el suelo aparentando no tocarlo: todo el conjunto demasiado parecido a lo que yo había querido lucir en un gesto de desdén a la formalidad, para mí injuriante, de todo el evento.

Mis ojos y oídos no daban crédito a la naturalidad vulgar de aquella intromisión. El falso "Máximo" subió a la tarima esparciendo sin disimulo una simpatía enfermiza. Los jueces y auspiciadores se desbordaban en adulaciones. El intruso las aceptó y recibió su premio con una humildad halagadora: una placa en metálico de proporciones magníficas y un cheque por una suma respetable. Se colocó a un extremo del grupo de premiados, junto a los jueces, para una fotografía final y sólo entonces se dignó dirigir a mi desolada persona una leve mueca con más parecido a la complacencia sádica que a la intentada sonrisa y me obsequió un guiño fugaz desbordante de complicidad.

Lo demencial de todo el caso no fue ese calculado hurto de mis glorias y honores; no fue el hecho de que cuando quise darle alcance al concluir la actividad, el falso "de Moné" se escurrió sin prisa entre la multitud eufórica y se perdió sin dejar rastro; tampoco fue la furiosa decisión de dejar impune el crimen como inclemente penitencia ante mi fallido gesto de reconocimiento; sino aquella ominosa nota.

Fue al siguiente día y bajo el inflexible propósito de olvidar el suceso que me integré con ahínco a mi rigor cotidiano. En mi camino al trabajo, abrí sin especial interés el buzón. Allí estaba la nota, garrapateada descuidadamente con mi inconfundible caligrafía, sosteniendo con una de esas grapitas alámbricas cubiertas de plástico de colores llamativos que son de mi afinidad, el cheque del primer premio del certamen nacional de literatura a nombre de Máximo de Moné y el mensaje críptico y simple que atentó contra mi integridad física y mental robándome el sosiego, esa pregunta mortificante, sugestiva y sentenciosa: ¿Te asustas...?

# EL EJERCICIO DE LO ABSURDO

El chirrido ensordecedor que desgarró la noche impregnando el ambiente con un injuriante olor a goma quemada fue lo que dio comienzo al evento. Que el vehículo haya obviado por completo la curva, desbaratado la valla, volado por el aire en una inverosímil formación elíptica hundiéndose sin esperanza en las lúgubres entrañas de la tierra fueron sucesos de poca importancia en ese instante; pero que luego dieron amplio aporte a ensalzar el relato en boca del populacho exagerador. Fueron pocos los testigos visuales; mayor el grupo de los auditivos; pero sólo se precisó un telefonema al puesto más próximo de ayuda de emergencia para que el lugar hirviera en segundos con una romería de proporciones de feria que alegaba haberlo presenciado, mas en cambio era atraída por los llamativos biombos giratorios multicolores, como lo son las mariposas nocturnas por la luz. Ante la inmensidad de aquella turba humana, los vecinos, aturdidos, no sabían cómo comportarse, teniendo que ajustarse a la idea de haber sido transportados a otro lugar por forma de algún artificio de tiempo y espacio. Varios vehículos de emergencia se apiñaron al borde del precipicio. Unos hombres vestidos de blanco, con parchetes rojos en brazos y espalda, corrían de un lado a otro sin empleo aparente. Un grupo de gente vestida de kaki y con capacetes de corcho gesticulaba con énfasis soberbio en dirección al risco, mientras un ejército de técnicos engrasados disponía de un sofisticado sistema de alumbrado y alargaba cables y sogas talud abajo cargando equipo, camillas y enfermeros. Un borrachín vociferaba en medio de un grupo considerable, contorsionando su cuerpo según su relato, y dramatizaba ante todos, los detalles de la tragedia. Algunos de los asistentes, con una mentalidad fría, calculadora y comercial, hendieron drones de metal, los llenaron de carbón y tornaron los perros del vecindario en presa fácil y deseada y en cuestión de segundos el "Perrus Gulembus Callejerus" se convirtió en una especie de peligro en extinción. Los vecinos, que ni tontos ni perezosos, imitaron tan lucrativo gesto de índole empresarial y en los bateyes, entre tres piedras negras de tizne, se erguían enormes calderos en los cuales flotaban, sobre la superficie espumosa del aceite hirviente, toda suerte de fritangas criollas: alcapurrias, rellenos, piononos, pastelillos... Un helicóptero de una estación de televisión sobrevolaba el área alumbrando la multitud jovial y reportando en vivo. La policía escoltó al alcalde desde su casa de campo para que personalmente supervisara los esfuerzos de rescate. Una caravana de güinchas, repletas de madera, depositó su carga del centro de acción y un tumulto de carpinteros harapientos confeccionó en minutos tres picas funcionales, llamativas y lucrativas. Siete haitianas taciturnas y lejanas montaron sus carpas de encerado azul, sentaron su voluminosa naturaleza sobre endebles taburetes de cuero y ofrecieron al público sus tallados de madera recreando negritos joviales y bembones fumando pipas colosales; sus canastas tejidas en paja; sus cuadros de caracol y sus abanicos de penca de palma. Los vecinos propietarios de los patios más amplios auspiciaron los negocios de estacionamiento por tres pesos la hora. Los más pudientes, el llamativo alumbrado periferal en los puestos de observación además del sistema altoparlante que narraba lo acontecido en la escena del rescate con todo lujo de detalles, breves interludios musicales e interrupciones comerciales donde anunciaban sus negocios. El alcalde, después de dar un cálido saludo a la concurrencia desde una tarima improvisada que sus alcahuetes impávidos habían arreglado con galas alusivas a su inclinación política, declaró, ante la turba vociferante de atónitos aduladores, esa fecha como el día oficial del servidor de rescate, el auxiliar de emergencia, áreas adjuntas y departamentos afines, y lo firmó en pliegos por triplicado con una pluma grabada en oro, especial para la ocasión y ordenó un anuncio de tan honroso evento con bandos multitudinarios. Luego se dispuso su puesto de honor entre las sogas, se le obsequió con un capacete de corcho con su nombre y grado a ambos lados y se le ayudó a tirar éstas en cuyos extremos venían suspendidas las camillas conteniendo a los dos heridos. Se dispuso de éstos acorde su condición y se organizó una alegre caravana con la ambulancia a la cabeza, flanqueada por cuatro motoretas de la guardia municipal.

Al día siguiente no quedó del evento más que las pilas de basura; el reguero de palitos de pincho; los piqueros exhaustos y felices; las negras haitianas que miraban todo con una serenidad hostil y saludaban sin esmero a los transeúntes desde el otro lado del universo; los niños curiosos que miraban con asombro aquel abismo de naufragio y recogían los vidrios rotos de la carretera para pegarlos a tablas dentro de burdos dibujos de mapitas mundiales; los desmanteladores profesionales, y una que otra beata volviendo de misa. En menos de una semana todo se había olvidado. El viento disiparía con el poder de su insistencia y eternidad toda la basura para fermentarla sin pudor en otros lugares y al borde del riscal, como una afrenta inacorde al hasta hace poco ininterrumpido flujo de la valla de seguridad, se asoleaban con timidez dos insípidas crucecitas.

# Luis Raúl Albaladejo

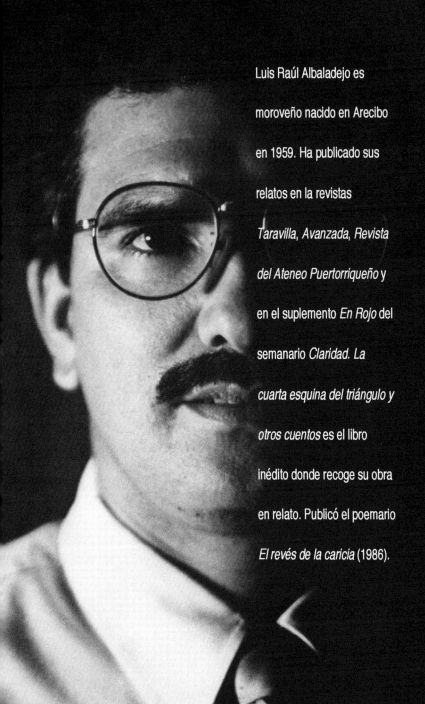

Luis Raúl Albaladejo es moroveño nacido en Arecibo en 1959. Ha publicado sus relatos en la revistas *Taravilla, Avanzada, Revista del Ateneo Puertorriqueño* y en el suplemento *En Rojo* del semanario *Claridad. La cuarta esquina del triángulo y otros cuentos* es el libro inédito donde recoge su obra en relato. Publicó el poemario *El revés de la caricia* (1986).

# Los pasos en la noche

Doris y yo jugamos pegándonos pequeños sustos en la casa. A ella no le divierte mucho, pega un gritito agudo cuando yo ronco fuerte desde la oscuridad de una puerta cerrada y me abruma con amables insultos que se resuelven casi siempre en mimos y cariños. Pero yo he persistido en tomarla por sorpresa, acercarme lentamente por su espalda y tocarle suavemente el cuello con una mano fría, temblorosa, fantasmal, cuando la veo distraída. Ella se asusta con una gracia divertida, después finge un enojo y me promete sonriente cobrárselas bien caras, ya verás, bandido.

Y no tiene poco ingenio, porque a veces ella también se esconde tras una puerta y espera que yo pase. Entonces emite un susurro melodramáticamente tenebroso, como en las viejas películas de Vincent Price o el hombre lobo, y yo siento un ligero espanto pero enseguida comprendo y hago como que no he oído, como si la trampa fuera inefectiva y yo le dijera en guerra avisada. Ella se asoma por el borde de la madera con sus dientes menudos y blancos llenos de una infantil felicidad, prometiéndome torturas a lo Edgar Allan Poe. No es sadismo. Es un juego inofensivo, una forma doméstica y cotidiana del cariño. A veces ella está ocupada y se fastidia de veras cuando me escurro sutilmente bajo la mesa y le agarro un tobillo; grita, me dice que soy peor que sus niños (ella es maestra de elemental) y yo me refugio aquí, en la biblioteca, a leer o escribir y a esperar que se le pase el disgusto. Ella viene al rato y me amenaza con morir de un ataque al corazón, yo le sonrío culpablemente y a veces es el amor.

Pero entonces ella se queda como picada por una tierna venganza y urde pequeñas trampas que no siempre me dejan tranquilo. Por las noches, cuando estoy en la biblioteca, que queda al fondo después de un largo pasillo con muy pobre luz, ella se acerca con pasos lentos y sonoros que retumban en la noche con algo de acechanza y de misterio. La oigo venir y me digo: "pobre incauta, ahora se asomará a la puerta y pegará un gritito; no sabe que yo la oigo venir". Pero los pasos se interrumpen a mitad del pasillo y yo he detenido los ojos en unas líneas de Faulkner o Neruda para no perderme en mitad de la página cuando ella aparezca para la risa tácita, pero los pasos se han detenido y la espera se hace picante, incómoda; me asomo con precaución al pasillo solitario y oscuro, llego de puntillas hasta nuestro cuarto y ella está ahí, fingiendo su apacible sueño, bocabajo con un brazo perdido en la almohada y una pierna encogida. Entonces sé que ese ha sido su más efectivo truco, que sus pasos me arrancaron de la lectura, me dejaron suspendido en una espera que algo tenía de diversión y de agonía, me obligaron a soltar el libro y salir a comprobar el engaño. Por supuesto, ella finge al día siguiente no saber nada: "¿Yo? Anoche dormí como un tronco. No me levanté ni para ir al baño". El tono de su negativa la delata. "Qué poco sabes fingir, querida", digo yo para provocarla y su sonrisa, su mirada, son entonces una confirmación, el cierre del engaño: "Te asustaste, ¿verdad?".

Claro que como esa técnica le dio resultado la ha seguido repitiendo con algunas variantes, siempre menos convincentes porque, subvirtiendo un poco la frase, la experiencia es la madre de todos los sustos. A veces yo estoy en la ducha cuando ella llega de la calle, entra despacio, sin ruidos, y se pasea como una loca por el pasillo sabiendo que yo la hago fuera de la casa. Me la imagino cómo se tapará la boca para apagar la risa cuando le hablo desde el chorro tibio de la ducha: "Doris, ¿llegaste?". Ella deja que los ecos se pierdan en la casa y que el silencio me conteste con su voz ubicua. Yo comprendo enseguida y entro a su juego, pero los pasos, luego de haberse detenido como asustados por mi voz, vuelven a su taconeo, esta vez pausado, rítmico, como marchando sin prisa hacia la sala donde me encuentro a Doris con paquetes y bolsas y un beso húmedo, sinvergüenza, creíste que me ibas a asustar, la sonrisa, la mirada, está buena la temperatura del agua, cariño.

Pero yo me la cobro con creces. Me cuelo en el baño cuando ella está en la ducha y me asomo sobre la cresta de la cortina mientras ella canturrea algo de Silvio o de Serrat, y es como en esas películas baratas donde un sicópata espía a la mujer que se baña, pero, claro, sin el cuchillo en la mano, y Doris se voltea en algún momento y grita en serio, me tira agua con las manos, llora un poco y es el pretexto para entrar en la bañera yo también, vestido y todo: malo, no me gustan esos juegos tuyos. Y sin embargo, yo sé que ella querrá cobrarse, quedar reivindicada. Entonces vuelven los pasos en la noche, mi incomodidad a pesar de saber, y el pasillo vacío y oscuro, un nuevo fingimiento aderezado con ronquidos. A qué negarlo, me regreso con el doble fastidio de haber caído de tonto sabiendo que caía y la promesa de no dejar que los pasos me perturben otra vez.

Esta noche, sin Doris, la casa parece más grande, más vacía. La artritis de su madre no da tregua ni con este calor de octubre y ella no sabe un divino de enfermería pero la atiende bien. Yo me he refugiado en la biblioteca para que no me entre la tontería de echarla de menos, total serán dos o tres días por allá, porque el trabajo no le permite quedarse más. Aquí olvido más fácilmente su ausencia temporera, me dejo llevar por un cuento de Borges o de Kafka ahora que los pasos en el pasillo no se interponen como un puente roto entre la lectura y yo. Pero hoy no es igual, sabiendo que en algún momento querré irme a la cama, que estará solitaria como el pasillo, oscura y fría y sin Doris. La lectura no tiene gusto, aunque sea Borges, pero me dejo ir sin ganas, sumido yo también como la casa, en el silencio de la noche, sin un soplo de aire en la ventana. Y entonces me detengo en mitad de una línea para escuchar que vienen los pasos y me quedo con los ojos estáticos, esperando. Siempre se detienen a mitad del pasillo, pero hoy han franqueado ese límite y bruscamente recuerdo que Doris, que su mamá y la artritis, y he corrido a cerrar violentamente la puerta, sin atreverme a mirar porque apenas faltaban cinco o seis pasos para llegar a la biblioteca, sólo el miedo y el seguro puesto del lado de acá. No hace falta pegar el oído a la puerta porque los pasos retumban en toda la casa, pesados y lentos como los de un zombinoctámbulo. Llegan hasta mi puerta y regresan con su ritmo cansado hasta la cocina. No me atrevo a pasarme al dormitorio con esos pasos allá afuera y sin Doris en casa. Así que me pongo a escribir esto, antes de acurrucarme en el sillón de la biblioteca, para que mañana me conste que no ha sido un sueño.

# La cuarta esquina del triángulo

Era una historia más bien vulgar y mediocre en la que un romance y un asesinato se trenzaban inexplicablemente para los personajes del relato, pero debían quedar visiblemente revelados ante los ojos del virtual lector. Había trazado las primeras líneas en el trabajo, pero la vigilancia opresiva del jefe y de algún compañero envidioso lo obligaron a suspender el proyecto, que se convertía en una idea ingobernable. Todo el día trabajó torpemente, perdiendo papeles o archivándolos mal, mientras la trama ronroneaba como un gato en la cabeza; una historia clarísima que no lograba resolver técnicamente. El marido era un hombre celoso, eso lo sabía el más discreto vecino. ¿Cómo hacer, entonces, para que ninguno de los personajes sospechara su culpabilidad en el crimen, mientras el lector debía quedar satisfecho con esa acusación, no propuesta por él, autor del cuento, sino emanada del propio texto? Apenas había escrito unos pocos relatos, cortados todos por la misma tijera, y con la poca suerte de haber sido rechazados un par de veces por un periódico de la ciudad.

–Meléndez, caiga en tiempo–le había dicho el jefe cuando lo sorprendió trazando un bosquejo, tratando de poner en limpio lo que representaba dificultades, con la intención de encarar específicamente el lado duro de roer del asunto.

Volvió a la realidad de horarios e informes de la oficina, maldiciendo secretamente ese trabajo que se interponía como una mujer celosa entre él y lo que llamaba su vocación. Cuando dejó su escritorio ese cuento era apenas una idea obsesiva, un nudo en el cerebro, una especie de ovillo apretado al que debía encontrar la punta del hilo para desenrollarlo, y entonces sería el cuento. En la tranquila soledad del apartamento se podría pensar mejor en el asunto, buscar soluciones, ir alterando el plan original si era necesario.

De alguna lectura vagamente recordada extraía esa noción de contar como si el relato no tuviera interés más que para el "pequeño ambiente de sus personajes", de los que él podía ser uno: no de otro modo se obtenía la vida en el cuento. Como rechazándolos y atrayéndolos empezó a trabar simpatías y repugnancias. El marido era celoso, irascible, pero el alcohol lo había hundido en un estado crapuloso donde la indiferencia era la carne y el interés por las cosas, un flaco hueso. La mujer, en cambio, le atraía por su inteligencia mesurada y, más que nada, por su pasión reprimida, que en algún momento detonaría provocando y justificando, a un mismo tiempo, el crimen. El amante era apenas una sombra borrosa, alguien que pasaba como una ráfaga, le hacía el amor a la mujer y desaparecía. Sin embargo, la idea de matar al amante y no a la esposa le parecía una novedosa nota de contraste en medio de tanta historia periodística de crímenes y celos.

Ahora había que vestir a esos hombres, modularles voces y gestos, atribuirle a ella un brillo especial en los ojos, una voz dulce y falsamente recatada, modelar senos y caderas. Quizás era conveniente que el marido fuese un poco alto y robusto, con la barba siempre mal rasurada y una barriga de hombre fanfarrón. "Llevarlo al crimen sin que él mismo se dé cuenta, pensaba recordando sus nociones de escritor diletante, como si actuara por necesidad autónoma, o mejor, eliminar el 'como si', que actúe con suficiencia". Vida, esa era la palabra para lograr el personaje. Inclinado sobre la mesa dejó que el mundo circundante fuera una masa informe y ajena, una dimensión extraña de la cual resbalaba inadvertidamente hasta que pudo vislumbrar el corpachón de su hombre vestido con camisa a rayas y pantalón oscuro, floreando mujeres en la calle; lo siguió y entró con él al bar, damacá una cerveza, el paladeo estridente y repugnante después de cada sorbo, su voz áspera y alta entre los amigos del billar, la culata estrangulada entre el vientre y la faja del pantalón. Y así hasta convencerse de que ese hombre realmente existía, que estaba a punto de llegar a la casa y sorprender a su esposa, una angelical adúltera, esa mujer que podía parecerse a la vecina de enfrente, con sus rizos negros y su sonrisa sospechosa y lasciva. Y luego el amante, cobarde, como casi todos los que participan de un triángulo amoroso que se resuelve violentamente; un vividor, un advenedizo; sí, porque ahora se daba cuenta (era una de esas claridades que se van adquiriendo en el acto mismo de la escritura) que el amante había entrado en la casa como amigo del marido, había ido minando toda posible desconfianza hasta ser capaz de presentarse a cualquier hora, sin aviso, y quedarse a esperar a su amigo cuando éste no estaba. Y entonces el marido llega un día, más sobrio que de costumbre, y la escena en el cuarto, el pistoletazo, la sangre en la cama, la mujer temblorosa y desnuda: alguna suscinta señal de que perdonarle la vida no había sido un acto generoso, sino el inicio de otra muerte mucho más lenta, como si un disparo hubiera sido un castigo demasiado fulminante para cobrar su felonía.

Fue como si la violencia de ese hombre agraviado lo hubiera empujado bruscamente hacia el mundo, como si un rechazo vital, definitivo, lo obligara a replegarse a la otra orilla y entonces empezar a ordenar palabras y oraciones. Pero ahora mucho más fácil, porque era hablar de personas, personas que había visto y conocido, nada que inventar. Y en un estado de frenético goce los dedos se agitaron sobre el teclado de la máquina como las patas de una araña loca hasta que quedó complacido con su obra.

Había caído la noche y el aire fresco que entraba por la ventana aconsejaba un descanso. Un paseo en la calle y despejar la mente, salir a ver las criaturas de ese otro Cuentista que alguna vez lo había soñado a él. Cuando tomó la calle Norte le pareció que el pueblo estaba particularmente hermoso, a pesar de la poca luz y de la boca abierta de una alcantarilla. Andaba más liviano sin el peso de ese cuento encima, esa mortificante historia hecha ya otro relato para una gaveta. Ahora, jugar un poco al escritor importante imaginando que de un momento a otro la angelical adúltera podía salirle al paso en una esquina y proponerle que destapara su compresor de pasiones y erotismo. Pero la calle estaba desierta, salvo por ese borracho que acababa de doblar en la esquina de Robles con Norte y venía en dirección opuesta. No era que trastabillara, pero algo le daba ese paso blando que tiene el andar de los borrachos. Meléndez lo veía surgir de un fondo oscuro en que su pantalón se confundía con la noche y la camisa parecía toda blanca porque en la oscuridad no se veían las rayas. El hombre se plantó en plena acera, impidiéndole el paso con la mole de su cuerpo.

—Usté es Melénde, verdá— no era una pregunta, pero parecía.

El brazo derecho le colgaba tenso, como si la pistola en la mano pesara más que una traición. Para Meléndez fue el terror, o la locura. Tenía que ser una broma, el azar no podía jugar tan sucio. Pensó correr frenéticamente calle arriba, hacia la plaza iluminada y con gente, pero era inútil porque la pistola. En todo caso, sólo quedaba arrancarle unas palabras al horror, tratar de ganar tiempo.

—Con su permiso, caballero— dijo, fingiendo calma y con intención de seguir su camino. El hombre lo atajó con el cuerpo.

—Estábamos bien sin usté por qué tuvo que meterse.

Y el brazo derecho comenzó un movimiento lento y firme hacia arriba.

—Oiga, de qué está hablando— se atrevió a decir Meléndez como el ladrón que es sorprendido robando y tiene el descaro de mentir.

—Ella nunca me habría hecho eso, ni él tampoco. Usté me la corrompió. Las palabras sonaban más cargadas por el odio que por el alcohol y el brazo derecho seguía ganando altura, elevándose firmemente hasta el pecho:

—Cuatro es un número grande pa' la amistá y el amor.

Incapaz de controlar la histeria, Meléndez se oyó gritar con algo que no era simplemente violencia:

—Quítese de mi camino, déjeme pasar.

Pero el cañón ya estaba ante los ojos y la voz no se escuchó detrás del tiro:

—Usté me la corrompió, maldito.

Georgiana Pietri

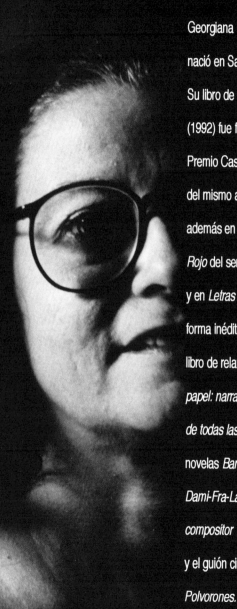

Georgiana Pietri nació en Santurce en 1945. Su libro de cuentos *Impasse* (1992) fue finalista en el Premio Casa de las Américas del mismo año. Ha publicado además en el suplemento *En Rojo* del semanario *Claridad* y en *Letras Femeninas*. De forma inédita se encuentra su libro de relatos *En alas de papel: narraciones para niños de todas las edades* y las novelas *Barabradya* (1989), *Dami-Fra-La: Delirio de un compositor* y otros pretextos y el guión cinematográfico *Polvorones*.

# El FRACASO DE SAINT-LUC

Lo primero que de él averiguó fue su nombre: Jean Saint-Luc. Le vino a la mente después de tratar de descifrar un sueño extraño que la despertó a media noche. Automóviles antiguos bajaban de Las Asomantes a Las Croabas en un dos por tres, como si la isla de Puerto Rico fuera muy pequeña, sólo los puntos más conocidos, los que aguanta un mapa. Lamentó no recordar otros sueños que sospechaba haber tenido esa misma noche. Betances estaba en alguno de ellos. El interés del prócer por los cangrejos extinguió ese sueño.

Pensó en escribir sobre el tal Saint-Luc. Sería el autor de las incongruencias de sus sueños. Debía encender la luz y ponerse a escribir, no fuera a olvidar en la mañana, como tantas veces le había ocurrido, un cuento excelente medio soñado y medio pensado durante la noche anterior. No lo hizo porque supuso que éste sería un nuevo cuento abortado, destinado a ser esqueleto sin cuerpo o cuerpo sin materia –tres o cuatro páginas brillantes que pronto comenzarían a perder lucidez–.

Por eso decidió no perder una noche más de su vida y dormir. Soñó con una fiesta de familia en donde estaban sus parientes, ahora algunos muertos, como los recordaba en su niñez. Su principal preocupación era darles de comer a todos. Era una fiesta campestre en una centenaria casa solariega y sus alrededores. Versallescos jardines, arcádicos prados, una cascada, un riachuelo acentuaban su ansiedad de alimentar a tantos seres queridos que no veía quizás desde sus muertes. Soñó que en la fiesta le hacía el amor a un caballo. Un hermoso semental derribaba a quienes querían montarlo: a su abuelo, al primo que siempre tendrá veintitrés años, a la ahogadita del tío Pepe, a tantos vivos ahora viejos.  Pero el robusto animal se comportó de una manera diferente con ella.  Al verla, doblegó su brío, se le agachó al frente y, ofrendando su  destellante mirada negra de ojos que saben acompañar a través de los siglos, la invitó a montar.  Cabalgando a pelo despertó.

Muy temprano en la mañana ya Saint-Luc era definitivamente el autor de sus sueños.  No sólo de los recientes, sino de los miles de su vida.  Lo visualizaba alto, delgado, vestido con una elegancia anacrónica.  Lo situaba sentado frente a su escritorio en un antiguo despacho, tratando de escribir sin poder.  Un mapamundi, un grueso volumen de la *Histoire geographique et politique des Antilles*, un tintero con pluma de ave, un amarillento calendario, varios diccionarios, la réplica de un velero colonial español, libros de flora y fauna puertorriqueña, un gastado ejemplar de *Mythologies de l'Amerique Indienne*, un pisapapel hecho de jadeíta, textos en francés de Betances y Hostos, un pequeño libro rojo extrañamente familiar para ella y un moderno equipo de música con una extensa colección de discos compactos surgían aquí y allá adhiriéndose al espacio de Saint-Luc.  El los desatendía obligándose a mirar de nuevo a través de un amplio ventanal hacia la parisina metrópolis que ella conocía sólo en libros.  Buscaba en los manchones verdes al otro lado del Sienne vestigios de desconocidos parajes para situar a su soñadora.

Preocupada por la incapacidad de Saint-Luc,  se levantó. Mientras bebía café garabateó algunos trazos de su nuevo personaje.  No lo hizo por entusiasmo ni pensando  que el nuevo cuento tuviera algún mérito.  Más bien escribió por miedo:  no conocía sentimiento peor que el de culpa por no haberle hecho caso o no explorar hasta las últimas consecuencias a algún personaje.

A los tres trazos el cuento palideció. ¡Otra aventura de su alterego!, se dijo.  Le adjudicaba a Saint-Luc su propio estreñimiento de anécdotas, de palabras.  Si Saint-Luc era el autor de sus sueños, sin duda  era extremadamente prolífico. Jamás se sentaría frente a su ventana pescando en las calles parisinas como ella lo hacía desde la suya en San Juan.  Si Saint-Luc se detuvo a mirar su realidad fue sólo porque ella despertó.

Era cuestión de volverse a dormir y él reanudaría su escritura de sueños.

Aunque había cometido el imperdonable error de beber café y ya no volvería a dormir en muchas horas, regresó a la cama. Sabía, por experiencia, que con disciplina se puede crear un estado de relajación en donde es posible soñar aun despierto. Sus papeles debían permanecer en el escritorio para no intervenir en el proceso.

Ahora Saint-Luc escribía, mas no los sueños de ella sino esa decisión de regresar a la cama y autosugestionarse al sueño. La escribía, no en su apartamento clase media puertorriqueña, sino en una exótica cabaña tropical en donde la humildad y la pobreza parecían ser parte del encanto. La describía bronceada, voluptuosa, de espesa cabellera, inquieta mirada y labios púrpura. La inventaba rústica, supersticiosa, embrujada. Sobre todo, la escribía incapaz de escribir.

Guiada por Saint-Luc se internaba en paisajes bucólicos, baudelerianos, gaughanescos. Asistía a sueños exhuberantes. Visitaba un amazonado El Yunque salpicado en mil cascadas de fieros ángeles y bestias de miradas dulzonas. Cual engendro de danza y poesía era guiada hacia la mansa playa de cristalinas aguas que en el crepúsculo le serviría de tálamo. Allí Yukiyú la esperaba. Ungido en aceites tropicales y saboreando uvas playeras el dios taíno anticipaba el momento en que las sedosas nubes, los inocentes pececillos, la cálida arena, los curiosos cocoteros se fundieran en su amor por ella. Ya casi tocaba a Yukiyú cuando la presencia de un cangrejo hizo sentir su desnudez siendo halada hacia los montes. Caía la noche. Escoltada por luciérnagas y coquíes, por pirueteras mariposas, juguetonas avecillas y mansas serpientes caminaba siempre en ascenso por la purpúrea alfombra de cohítres entre platanales, yagrumos y bromelias hacia la hamaca de helechos que prometía acariciar su piel. Ya casi descubría el secreto del ronroneo afrancesado de gatos salvajes cuando, asustados por un cangrejo, los gatos se esfumaron regresándola abruptamente a su cabaña confeccionada en frases de danza y poesía.

Ensayaba tocarse, lamerse, crearse. Calabeaba y bambeaba, bambeaba y calabeaba; danza que te danza se daba a sí misma.

Entonces se iba, se iba, se iba en ese barco entrando en la bahía que era ella. Ñam-ñam. Los dientes negros, ñam-ñam. Las tijeras de las bocas sobre los muslos, ñam-ñam. Iban y venían las quijadas con sordo ritmo, ñam-ñam. Se soneaba y apambichaba, se ragueaba acalypsándose, se apambichaba y soneaba de nuevo salseándose y salseándose cada vez más hasta que casi apalesada se acortijaba. Toco, toco, toco y toco, el gigante quería coco al contemplarla sumida en el más ardiente bomba-cará. A su conjuro hervían las hondas potencias, fetiches de la danza, tótemes de guerra. Y los mil y un demonios pululaban por el cielo sensual de su alma negra. Tucutún tun tun, tucutún tun tun se tucutuneaba impregnando con el vaho de sus humores la nube que era su cabaña. Ya en trance no podía controlar los acordes que la contenían obligándola a retorcerse, a deformarse, a enloquecer en la danza y la poesía que la definía.

Entrelazados a la inverosimilitud de sus sueños surgían pares de ojos aquí y allá: sobre la victrola, asándose en el fogón, incrustrados en las paredes, asomándose burlones bajo el catre, suspendidos del techo de yaguas, desplazándose atrevidamente de un lugar a otro. Por todas partes sentía el asedio de la intensa mirada que la escribía. Entonces quiso observar la mirada que la marcaba. Deseó fijarse en aquellos ojos que la creaban. Y encontró a Saint-Luc en su despacho, sentado frente al conocido escritorio. Lo vio escribiendo con la mano derecha y con la izquierda apaciguando su fuente de energía que amenazaba con desbordar sus límites. Lo vio pequeño y débil, agarrado a sus dos únicos recursos, ambos en peligro de extinción.

Supo que Saint-Luc nunca escribiría su obra maestra: la novela sobre la caribeña. Lo confirmó un estridente *¡merde!* que retumbó en el antiguo despacho francés. Pálido de ira, Saint-Luc revisó apuntes, calculó efemérides, se embarcó en el velero español rumbo a las Indias, le pidió cuentas a Betances. Al poético guiño de Palés, el prócer soltó una carcajada. Saint-Luc, desarmado, intentó volver al mito. Mitologema tras mitologema sintió acrecentar su desconcierto. Un caballo enamorado, una princesa nativa que alimenta con sueños a su familia de vivos y muertos, un dios taíno, el musical grito de guerra de esclavos africanos y una plena noticiera lo distanciaban cada vez más de su pesquisa. Y para colmo, ya no podía soportar más los ojos de su soñadora observándolo.

No tuvo más remedio que intentar transar con ella. Le prometió escribir sobre la caribeña cangrejo defendiendo con sus palancas su casa que es su cuerpo y su alma. Mas no pudo terminar la promesa porque allá, en *la belle France* apareció el cangrejo ella.

Pares de palancas surgieron inesperadamente. Nacían del moderno equipo de música, pirueteaban en su volumen de la *Histoire geographique et politique des Antilles*, se incrustaban en su pisapapel de jadeíta, florecían en sus diccionarios. Temeroso, Jean Saint-Luc volvió a *Mythologies de l'Amerique Indienne* en busca del desatendido mito de los cangrejos. Contrariado, tuvo que aceptar que la hembra cangrejo escribía; lo había olvidado. Acorralado, quiso enmendar tantos sueños, quiso por lo menos escribirla escribiendo. Pero su mano llegó tarde al tintero. Ya la pluma de ave bailaba abrazada a una hermosa palanca marmórea.

Escrito está: Más allá del despacho de este ilustre francés jamás llegará el sentido de su personaje ni el de sus manuscritos. Condenado al fracaso queda su simulacro de rescate de la obra inédita de la caribeña que por tantos años lo ocupó hasta desbordarlo.

# Fernan, tú mismo

Estoy aquí mientras ellos se embarcan en un jumbo jet rumbo a la otra orilla. Estoy aquí donde por tercera vez suena el timbre del teléfono para comunicarme que el compositor no existe y en su lugar hay otros personajes. Estoy aquí donde no se entienden los porqués de un banquero ni ningún otro porqué. Las madres pasean en Fajardo. Los muchachos salen a esquiar. Las niñas de tres años reciben casitas de muñecas de Santa Claus. Los bizcochos esperan ser comidos. La butaca al lado de mi cama está vacía. La brisa vuela los papeles. El borrador no tiene nada que borrar ni el bolígrafo qué escribir. Papeles en blanco. Fondo de un barranco. Ni siquiera puedo caer más. No tengo a donde ir. Tampoco puedo pedir auxilio. Todos se han ido. El último habitante me tiró el teléfono. No sé si soy yo. Los hilos me halan y me colocan en posición fetal. Fernan: sé lo que sentiste, pero, ¿de qué te sirvió que tu locura llegara a mis oídos? ¿De qué te sirvió saber si jamás tocaste ni tocarás? El tocar no es de este hoyo.

No quiero escribir sobre ti. Me das asco. Muchas cosas se las podría perdonar al compositor, a Raquel, a Ariel o a cualquiera de los otros personajes, pero no a ti que sabías lo que hacías y conocías la técnica de dar cada paso de dos en dos. Trabajar contigo equivaldría a escribir otra obra que necesariamente tendría que tener otro compositor y otro grupo y otra yo y eso era asunto tuyo y te tengo que informar que se te acabó el tiempo. Ni siquiera leeré mis apuntes sobre ti. Permanecerás en la libreta roja como tantos otros personajes abortados a través de los siglos.

Te odio porque pudiste haberme hecho el camino menos difícil. Te veo con tus ojos espaciados cada vez que me miro en el espejo. ¡Espejo como tú! Parece que estar loco siempre se trata de lo mismo. Aquí también existen, como en tu manicomio, esos micrófonos que transmiten el pensamiento de los pacientes directamente a sus expedientes. Mis tiestos también esconden enanos que le informan lo que hacemos a la gente que escribe. El sistema de acueductos todavía está preparado con esa substancia que, al beberla en el agua, hace olvidar la misión que todos hemos traído al mundo. Por eso no tengo tiempo para ti ni para tu misión. Tengo que trepar a toda costa por este barranco. Tengo que salir de estas cuatro paredes en donde hace tres años estoy metida.

Intensamente cuidabas tu condición en el manicomio a donde recurrías cada vez que se trancaba el dómino en busca de hotel y comida gratis. Era muy divertido. Allí tenías locos para entretenerte, personal para metértelo en el bolsillo, oportunidad de ser la reencarnación de Jung y hasta visitas del alma en pena de Freud, ¡el pobre Freud que venía a desahogarse contigo!. ¿Para qué necesitabas terminar tus estudios de siquiatría? ¿Para qué necesitabas ubicarte en el mundo si a él salías de paseo? Entonces eras la atracción del momento. Impresionabas a tus amigos con tus teorías. Todos callaban porque es bien sabido que a un loco no se le interrumpe ni se le contradice. Así también manipulabas a los de afuera.

Tenías al grupo en estado de sitio. Estaban seguros de que no estabas loco. Eran tus cómplices, ¿no se lo decías?. Sin embargo, no tenían los instrumentos para probarlo, ni siquiera para probárselo a ellos mismos. Esos instrumentos supiste guardarlos muy bien. No podían luchar en contra de la teoría que Freud te había comunicado en su primera visita: el ego, el superego y el id tienen poca importancia al lado de las fuerzas que en realidad son el individuo. Por un lado, la misión que cada cual trae a este mundo: esa intuición sobre algo que hace falta, junto con el deseo incontrolable de hacer eso mismo, junto con una serie de armas que son las cualidades físicas, emocionales e intelectuales necesarias para hacer ese algo. Tus amigos no podían luchar en contra de esa teoría porque era su propio brazo izquierdo halándolos. Por otro lado, la no misión: aquellas instituciones centenarias, ya parte de uno mismo, cuyo propósito es hacernos olvidar la misión. Esto también halaba a tus amigos porque era su brazo derecho. Impotentes se enfrentaban al resto de ellos mismos, al lugar intermedio que era las diferentes posiciones en las que se encontraban.

Tú sabías cómo salir de esas posiciones y jamás se lo informaste a aquellos que llamabas amigos, por eso es que te tengo condenado a mi libreta roja, como tú decías que el viejo Freud había sido condenado a vagar asistiendo a tantos sicoanálisis que en su nombre se practican en todas partes del mundo, para ver la barbaridad que hizo, para pagar por haberse negado a dialogar contigo —Jung en otra vida— en aquel viaje que ambos hicieron a América, donde tú le pediste que mediante un sueño suyo te ilustrara sus teorías, lo que no hizo argumentando "quien sabe un sueño, posee al soñador", cuando tú no querías poseerlo sino trabajar con él en beneficio de la humanidad porque esa era la misión de ambos. Su mala fe lo hizo único padre de la siquiatría moderna y tú seguiste trabajando en tu misión hasta tu muerte cuando tuviste el derecho —como todos los que mueren en cumplimiento de su misión— de pedir un deseo, y decidiste nacer en el cuerpo de un futuro estudiante de siquiatría con quien al fin Freud se dignara a dialogar para pagar su deuda con la humanidad. Pero en esta encarnación lo jodiste, déjame decírtelo. No te dio la gana de compartir los tres días que siguieron al primer encuentro con Freud y por eso tengo que compartirlos a costa tuya.

Fueron los tres días más difíciles de tu vida, aunque no serías sincero si negaras que fueron los más significativos y que en ellos hubo una dosis sostenida de placer físico. A una etapa de aguda depresión, cuando llorabas por tu soledad, le seguía una de incontenible euforia, cuando te veías haciendo maravillas. Luego venía un ataque de ansiedad al contemplar todos los impedimentos que se te presentaban, seguido de una pasividad absoluta cuando te dabas cuenta que no podías actuar porque tus miembros no se movían según tus mandatos y tu corazón había dejado de latir. Y en ese estado te quedabas hasta que se desataba en ti la más irreprimible de las violencias. Con mentalidad exageradamente analítica te introducías en todos los detalles de tu vida pasada y en ellos veías cierta razón de ser, un propósito, una justificación, mientras a la misma vez te apartabas del análisis y tus sentidos se agudizaban en busca de sensaciones. Tus pies descalzos vagaban por la habitación saboreando el contacto con unas losetas muy frías o el pisar objetos levemente filosos que los excitaban dándoles vida. Tus manos iban al lavamanos y allí se regocijaban con la intermitencia de chorros de agua muy fría o muy caliente, a gran presión, con el reto de deformar una barra de jabón o con la gelatinosidad de la pasta dental. Tus ojos se emborrachaban gracias a los efectos de luces y sombras en los rincones o a la sucesión de amaneceres y atardeceres, ¡días y noches creados para ti allá afuera! Nuevos olores y sonidos nacían a cada instante sólo para cautivarte y todo tu cuerpo se estremecía de gratificación. Durante esos tres días casi no saliste de la habitación. No hablaste con nadie, no probaste alimento, te sostuviste con agua — llamándola sentimiento— diciéndote que producía vitalidad. Dormiste irregularmente porque tenías la convicción de poder dormir despierto y estar despierto dormido.

En la mañana del tercer día la situación se agudizó. Como estudiante de siquiatría te dabas cuenta hacia dónde te encaminabas, hasta tenías un posible diagnóstico. Sabías que la conversación con Freud había sido una alucinación. Sabías que las alucinaciones presentan al paciente, en forma de metáfora, un cuadro de lo que le está sucediendo. Sabías que si estudiabas esa alucinación podrías parar la latente enfermedad. Pero sentías atracción hacia tu alucinación. Sentías que era tu máxima aventura. Sentías que si de alguna manera la conquistabas ya tu vida no tendría sentido. Entonces se apoderó de ti el pensamiento de la muerte. Si tus conocimientos conquistaban a tus sentimientos, éstos dejarían de ser: se produciría una muerte en ti. Pero si por el contrario tus sentimientos conquistaban a tus conocimientos, también se produciría una muerte en ti. Si te curabas —algo que se te presentaba tan fácil como levantarte de la cama, ducharte, afeitarte, comer y salir a distraerte—, condenabas a muerte la intensidad del momento que estabas viviendo. Si aceptabas la enfermedad —igualmente fácil porque consistía en no levantarte de la cama, ducharte, afeitarte, comer ni salir a distraerte—, condenabas a muerte la posibilidad de hacer algo de provecho con tu situación. Entonces otra muerte comenzó a rondar por tu habitación. Era la certeza de que para ti ya nada sería igual que antes, que estabas matando un pasado y con él Fernan se alejaba irremediablemente de ti.

Querías de alguna manera detener ese instante. Te levantaste, buscaste un espejo, lo trajiste a la cama y te acostaste: barbudo, despeinado, amarillento, ojeroso. Sin duda habías muerto porque ése frente a ti no era Fernan. ¿Por qué si habías muerto no te desplomabas y tus manos continuaban agarrando el espejo?, te preguntabas. Entonces retaste a la muerte y la llamaste cobarde. "Llévame si eres más poderosa que yo", le gritaste. La muerte se asustó y se retiró de tu camino dejándote en la certeza de que morirías cuando te viniera en ganas, no cuando ella intentara apoderarse de ti. Te sentías enérgico con tu victoria sobre la muerte, por eso quisiste probar tus alas de nuevo. Pensaste en la locura, la otra amenaza del momento, y le ordenaste al Fernan nuevo que con desfachatez te miraba enmarcado en tu espejo: "¡Mira a ver si puedes enloquecer!" . Tus palabras le causaron incontrolable risa —"estrepitosas carcajadas", le informaría tu madre al médico más tarde—. Y la locura también huyó de ti con el rabo entre las patas. Mientras se alejaba, le gritabas: "¡cobarde, cobarde, hijae puta!". Y observabas a tus palabras destruyéndola.

Por primera vez en tu vida podías afirmar que jamás enloquecerías, amenaza que entonces te diste cuenta que siempre estuvo presente. Te deleitabas observando al Fernan recién nacido, a un ser superior al anterior porque era más libre, porque tenía en sus manos la oportunidad de escoger entre varias opciones, un ser completo ya que podía no levantarse, ducharse, afeitarse, comer ni salir a distraerse sin mayores consecuencias. ¡Felicidades!

Estabas cansadísimo. Enseguida te quedaste dormido. Tu madre, la vecina, tu hermana, el novio de tu hermana, el mediquito y el chofer de la ambulancia interrumpieron tu descanso para informarte que te llevarían a un lugar donde podrías descansar. Te opusiste enérgicamente a esa intromisión en tu nueva vida, como es lógico. Entonces, los hombres te agarraron a la fuerza dejándote sin más alternativa que defenderte con las piernas. Lo que hiciste, dándole una patada en los testículos al mediquito que lo enfureció y a manera de venganza declaró que te inyectaría.

Si te inyectaba estarías perdido, pensaste, y trataste de calmarte para explicar lo ocurrido. Muy serio te dirigiste al mediquito, que ya empezaba a preparar la inyección, proponiéndole, si te soltaban, demostrarle que estabas bien. Él miró el reloj como si quisiera acabar el asunto enseguida y, mientras seguía con sus preparativos, ordenó que te soltaran. "Te oigo", dijo en el momento en que sus gestos demostraban lo contrario. Vacilaste. Hablar, ¿para qué? Todos los locos niegan estarlo y por eso los médicos no hacen caso a argumentos de esa índole. Estabas muy cansado para fraguar un plan maestro. Contarle todo lo que te había ocurrido, exponer a ese mediquito formado en libros de términos y casos y en cátedras de profesores cadáveres a la magnitud de tu experiencia de los últimos tres días era como pretender explicar por medio de una lámina lo que es el mar a una persona que jamás lo ha visto. Notaste que tardabas mucho en hablar; el mediquito se impacientaba. Quisiste apelar a algún tipo de empatía de su parte y oíste a tu boca recurrir a términos que utilizaban en broma los estudiantes de siquiatría, sin darte cuenta que a los locos no se les permite bromear.

—Colega —dijiste—, estoy muy cansado. Déjame descansar y luego te visito en tu oficina y te lo explico todo..., en términos siquiátricos si quieres. ¿Sabes?, tengo un diagnóstico completo. Soy estudiante de siquiatría.

—No es estudiante ná —interrumpió tu hermana—. Pierde el tiempo en la facultad.

—Ay, llévenselo, por favor —suplicó tu madre—. Mire que no puedo dormir con sus gritos y tengo miedo que se suicide.

—Es verdad —lamentó la vecina—. Fíjese que ella, la pobrecita, padece del corazón y esos gritos la ponen nerviosa. Hasta en casa se oyen.

—Bueno, Dóctor —interrumpió el chofer de la ambulancia—, ya hemos perdido mucho tiempo. Decídase.

—Mire, Doctor —argumentó el novio de tu hermana—, yo sinceramente le aconsejo que se lo lleve. Es un peligro dejar a estas dos mujeres solas con una persona violenta. ¿No vio cómo lo atacó hace un momento?

El mediquito, acariciando el arma de la venganza en sus manos, con un gesto paternal los calmó a todos y dirigiéndose a ti dijo:

—Sé que necesitas descanso. Aquí descansarías igual que en otro sitio, pero tienes que darte cuenta de que tu familia está muy ansiosa y también necesita descanso. Te voy a llevar conmigo. Después de algunos días, cuando ellas estén más tranquilas y me hayas contado de ese diagnóstico tan interesante, regresarás a la casa y posiblemente a los estudios.

Y levantando los ojos para encontrar los del novio de tu hermana y los del chofer sentenció "vamos", que tú muy bien sabías que quería decir: ¡agárrenlo!. Simultáneamente, no sólo las manos de los hombres sino también las de las mujeres se precipitaron sobre ti. Y la bestia, disfrutando cada instante, introdujo su colmillo en tu carne.

Ya nada podías hacer. Antes de que la droga comenzara su efecto pediste que te llevaran a aquella clínica siquiátrica que visitabas con el grupo. Habías continuado visitándola en calidad de estudiante y de investigador. Tenías la ingenua esperanza de que aquellos que siempre te trataron como colega, tus compañeros de trabajo y de tertulia, le demostrarían a tus secuestradores el error cometido. Tu súplica fue concedida, ¡premio de consolación!.

Cuando tus extremidades comenzaban a sentirse como si no te pertenecieran, se te concedió la libertad de moverte por la casa a tu antojo. Cuando tu lengua comenzó a trabarse, se te preguntó respetuosamente qué pertenencias querías llevar contigo. Cuando no podías tomar decisiones, se te otorgó la oportunidad de decidir si querías viajar en la ambulancia o en el automóvil del novio de tu hermana. Con gran esfuerzo, agarrándote de paredes y muebles, llegaste a la sala donde a pesar de tu libertad te siguieron todos. Allí oíste al médico comunicarse por teléfono con el hospital, explicar tu condición por medio de mentiras. Y toda la situación te causó risa, hasta que en la mirada de los otros comprendiste que a los locos tampoco se les permite reír. Tu risa provocaba repentina tristeza a las mujeres. Como a la distancia de una nube las veías lamentándose de que tú, siempre tan bueno y tranquilo, hubieses caído en esa horrible enfermedad. Mientras desde otra nube el novio de tu hermana, emocionado por el descubrimiento de su gran astucia, le explicaba al chofer que desde que te conoció había visto algo raro en ti.

Para no darle más placer a tu nuevo hermano, hiciste un esfuerzo extraordinario al comunicarle a todos que viajarías en la ambulancia, carroza fúnebre en donde con gusto te acostaste y te dejaste amarrar porque recién comenzabas a entender que a los muertos hay que enterrarlos. En el asiento del frente el chofer entretenía al mediquito con los últimos chistes de la política local, mientras tú, en la camilla, te decías: así mismo deben charlar los enterradores; y te alegrabas de no haber viajado en el automóvil que les seguía porque no hubieras podido soportar tanta lamentación y lágrima. Ya para entonces el pensar te resultaba casi imposible, limitándose la pregunta: ¿qué haría un vivo después de haber sido declarado muerto? A lo que respondías: descansar.

Desde entonces descansas en el manicomio como yo lo hago aquí. Si dices que has visto tu vida desde la niñez como perteneciente a otra persona, escriben en tu expediente: episodios de despersonalización. Si explicas que al igual que el espejo curó tu latente enfermedad crees poseer unos conocimientos que podrían ayudar a la creación de otros, escriben: delirio de grandeza. Si cuentas la manera inhumana en que fuiste arrestado, escriben: delirio persecutorio. Si te enfadas porque no te entienden, escriben: ¡hostilidad!; y te recetan drogas que te atontan o te producen nuevas alucinaciones.

Cuando no soportas más lo absurdo de tu situación, cuando las drogas te han volado el cerebro, cuando te percatas de que para tus antiguos colegas eres un muerto, te sientes actuando como un verdadero esquizofrénico-paranoico. Descansas, te entretienes con las misiones abortadas de tus amigos locos, inventas historietas que se adhieren a tu expediente, vives la reencarnación de Jung, tu personaje favorito, y como si fuera poco Freud regresa a conversar contigo, a darte ánimo argumentando que tu supuesta locura es parte de un plan mediante el cual llevarás a cabo tu misión en esta vida, lo que sería cierto si en vez de descansar hubieras decidido compartir tu locura como yo.

Dinorah Cortés Vélez

Dinorah Cortés Vélez

nació en Hampton, Virginia,

en 1971. Reside en Isabela

desde temprana edad. Sus

cuentos han sido

publicados en el suplemento

*En Rojo.* Actualmente

trabaja en un libro de

cuentos titulado: *Tríada de*

*cuentos de amor y de sida.*

Es estudiante de Estudios

Hispánicos y Sicología de la

Universidad de Puerto Rico.

# Día DE LA CANDELARIA

AÑO 120 DE PUBLICACION CONTINUA

## 𝕬𝕷𝕸𝕬𝕹𝕬𝕼𝖀𝕰

**PINTORESCO**

*2º Mes Febrero, 1952 28 Días*

*Acuario   SANTOS DE LA IGLESIA*

*1M  Santos Ignacio y Severo...*

*2J  LA PURIFICACION DE NUESTRA
SEÑORA, La Candelaria.....*

*3V  San Blas y San Ansgario,
obispos y mártires........*

**DE**

## 𝕭𝕽𝕴𝕾𝕿𝕺𝕷

Mil mariposas de papel emprendieron un loco descenso hasta el camino empedrado para morir trizadas en la salvaje confusión de la estampida de pies.  Un concierto de soplidos desnudó cada uno de los raquíticos cuerpecillos de las mechas de las velas.

La procesión terminó justo donde había comenzado.  Allí en la callejuela entre la Iglesia del pueblo y el Convento de las Dominicas, que estaba junto a la casa parroquial y al colegio, un pequeño salón de madera, recientemente fundado por las religiosas.

La procesión había durado alrededor de treinta minutos, en los que voltearon la plaza, con su concha acústica, sus banquillos sin espaldar, colocados en tres grupos rectangulares, en cuyos centros se erguían tres magníficos y solitarios cedros. Las luces de los farolillos colgantes parecían mirar con alegría a los caminantes.

El párroco, regordete, calvo y portando sus vestiduras blancas en honor a la Virgen, pronunció la bendición final y acto seguido entonó un cántico de despedida con su voz de barítono.

La gente se dispersó. Los que vivían en el pueblo caminaron en grupos hacia sus casas, entre parloteos que daban al ambiente un aire festivo. Los que vivían en el campo se dirigieron a la Calle Barbosa en donde estaban aparcadas, justo frente al bazar de doña Rosita, famoso por su surtido de encajes, las Yolandas, como cariñosamente el pueblo llamaba a la única transportación pública con la que contaba.

Cuando sintió la fresca caricia del viento suspiró con alivio. Había venido con sus padres. Todos los años habían venido desde que tenía uso de razón.

Sentía que las sienes le latían; estaba cansada. Cerró los ojos y reclinó la cabeza contra el espaldar. ¡En verdad que este año la procesión había estado repleta, como nunca antes! Los pies le dolían. Los movió dentro de los zapatos.

Las últimas brisas del invierno tropical de la isla parecían causar una similar sensación de modorra en todos los habitantes del pueblo ya que el viaje se realizó en perfecto silencio, con la excepción de la voz de alguno que otro pasajero indicando su parada.

Miró en torno suyo y descubrió un conjunto de rostros demasiado familiares a fuerza de verlos tanto. Alguno dormitando con la barbilla en riña con el pecho y algún hilillo de indiscreta baba escurriéndosele por una de las comisuras de la boca y otros, como el suyo, tenían una expresión de franca borrachera ante la belleza arisca de las agrestes soledades, pobladas de verde y azul.

Por fin vislumbró su casa, solitaria y erguida a pesar de los estragos del tiempo. Había pertenecido a sus bisabuelos, después a sus abuelos y ahora a sus padres.

Recordó de repente el evento que se aproximaba y se estremeció. La voz de su padre hablándole a su madre la sobresaltó: "En beldá Gabriela qu'ejte día de la Candelaria no ajtao completo, ¿tú no créj?" "Siii, Juan", le contestó su esposa con dulzura.

Descendieron y comenzaron a caminar en medio de la polvareda por el callejón, que conducía hasta la casa protegida por la sombra de un tamarindo. ¡Ah, el tamarindo! De niña posó una y mil veces sus pies desnudos, embadurnados de fango, en su torso lleno de surcos, hijos de las nupcias entre el tiempo y la gravedad.

Cuando llegaron, Gabriela se dirigió a la cocina para colar el café, mientras su hija rebanaba el queso y el pan. Juan se fue a buscar trozos de leña para avivar la fogata.

Pensaba en su hija, en la desgracia de su vida. ¡Cuánto la amaba! Hubiera dado su vida por verla feliz. ¡Pobrecita Aries!

Sonrió al pensar en su nombre. Se lo habían puesto en un arrebato. La niña tenía dos días de nacida. Habían decidido llamarla Carmen, pero a última hora la comadrona, una mujer supersticiosa, que era la madrina, se empeñó en que la llamaran Aries. Lo había escuchado de la señora que le leía la mano. Le había dicho que Aries era uno de los signos reyes del zodíaco. Defendía su empeño alegando: "Ejta nena ba' sel fogosa como una potranquita i ese ej el nombre que le cae". Se apresuró, pronto llegarían los invitados.

Como a las siete de la noche comenzaron a llegar. Se fueron acomodando en un círculo alrededor de los maderos que había amontonado Juan.

La lluvia de ámbar del combustible se contorsionó al contacto del lengüetazo pasional de la chispa. Pronto el ardor del macho consumió los maderos y en medio de una explosión de chirridos estrepitosos se mostró tal cual era... primitivo e indómito. Y como no podía satisfacer sus instintos adúlteros con el cielo por estar cautivo entre las pencas, se puso a bailotear contoneando sus extremidades al son de una cumbia exótica. La trasparencia de sus ropas no lograba ocultar su ardiente corazón naranja...

Los presentes comenzaron a danzar en torno a la candelada, mientras entonaban jaculatorias relacionadas con la celebración.

Gabriela se acercó al altar improvisado, que había preparado junto con las vecinas esa misma tarde y que se encontraba justo detrás de la fogata. Una vez allí, encendió las nueve velas blancas colocadas alrededor de la imagen de la Virgen de la Candelaria.

Después un hombre leyó en voz alta un pasaje de Alan Kardec, padre del espiritismo. Una mujer comenzó a declamar una letanía con acento cansón. Invocaba a diferentes santos, en especial a la Candelaria, para que intercedieran por los pecados de los presentes, les pedía gracias especiales para sí y para los demás, en tanto el macho de translúcido manto bailaba sin tregua, con unos meneos, por lo eróticos, casi paganos.

Todos fueron presa del delirio, aplaudían con frenesí, bajando y subiendo las cabezas. Se persignaban insistentemente, gritaban y suplicaban al cielo por la purificación de sus faltas.

Alguien comenzó a rezar el rosario y todos contestaban su parte. Una vez finalizado el rezo del rosario, el clamoreo de los presentes invocando a la Virgen y a San Blas llenó el espacio casi místico: "¡San Blaj i la Candelaria, a Dioj que noj mande agua!", "¡San Blaj i la Candelaria, a Dioj que noj mande agua!". Para ellos el aguacero era símbolo de la purificación de sus faltas, la respuesta a sus plegarias.

Gabriela distribuyó los pedacitos de papel de bolsa de pan y varios muñoncitos de lápices. Después de escribir sus pecados, cada persona entregó solemnemente su ser al danzante, en el mariposeo del papel.

Aries miraba al macho como en éxtasis, sin albedrío alguno para apartar sus albas hambrientas. Los cánticos, las voces y los movimientos de los demás le venían de muy lejos. Siempre le había temido. Todavía recordaba la violencia de su reacción cuando de niña quiso jugar con él. Incluso, aún conservaba la marca ardiente de su beso en una de sus manos. Su madre se lo había advertido, pero ella, terca y fiel a la premonición de su madrina ignoró el consejo. Después lo evitó con una mezcla de temor y de odio...

Una sombra de tristeza nubló sus albas, un torrente de azufre se le agolpó tras las nubes. Pronto llovería. Lo supo. Así había sido siempre desde el día en que su amado partió envuelto en una aura de misterio, para convertirse en un recuerdo añejo carcomido por el rencor voraz del tiempo. Se convirtió en una imagen brumosa que le causaba un dolor agudo en las sienes por el esfuerzo de verla mejor y una honda punzada de nostalgia.

Lo evocó alto, desgarbado, con el cabello muy negro y la piel pálida, con sus albas irradiando promesas de vida en abundancia, la faz enjuta, la nariz aguileña y... –un sollozo murió en su garganta– su sonrisa traviesa. ¡Ah, su sonrisa! ¡Cuánta falta le había hecho esa luz en sus noches baldías!

Aprendió a amarlo tal cual era, en sus silencios cargados de profundidad, en su ternura de niño y aún en sus rabietas inesperadas.

Comenzó a llover. Una lluvia discreta, nada alarmante. Los que la conocían se habían acostumbrado a verla caer, aún en los días de sol. Afuera los cánticos, el bullicio. Sólo su madre no se había habituado a aquel mal tiempo. Amaba a Aries con locura. ¡Ay, su niña! La vida la había marcado con saña. La miró con sufrimiento. Amaba cada hebra de su cabello, cada pequeño lunar, cada fracción de su piel. Era su reina, los latidos de su corazón, su única creación; hermosa, realmente hermosa, con el cabello largo hasta las pantorrillas, con la figura larguirucha, con la eterna melancolía de los atardeceres de sus albas...

Tan sólo Aries fue testigo del parto. Un pequeñín de corazón naranja y translúcido manto lila emergió del vientre de la madera y comenzó a bailotear con paso tierno e incierto, allí muy pegadito a su padre, ¡que no podía disimular su orgullo!

Una ráfaga le traspasó el vientre; sintió que le iba a florecer el corazón. Un torrente de azufre la cegó... Vio a un niñito de ojos diáfanos, como los de su padre, de mejillas de algodón y boca de frambuesa, ¡era su hijo! El hijo no concebido, el que murió en la idea.

Llegó a pensar que era estéril o que quizá lo era él, Atanasio, ¡su amado consorte! Pero juntos descubrieron que no era la esterilidad la causa, sino la constante zozobra en la que Aries vivía.

Siempre estuvo para verle partir con la red al hombro y sus bártulos de pescador. Y ni una sola vez su corazón tuvo paz. Temía que las aguas del mar pudieran querer calmar sus fiebres adúlteras con su Atanasio.

La tarde última le vio partir con el sol, con su sonrisa diáfana y sus albas inmaculadas...

La noticia de su muerte la destrozó. No tuvo siquiera el consuelo de su cuerpo inerte. No tenía siquiera un trono de escarcha para aderezárselo con claveles amarillos, amarillos como el atardecer de su existencia.

Ahora el macho hipnótico le estaba extendiendo las etéreas tenazas, le brindaba... ¡la oportunidad de un desahogo! ¡Pero no, ¿cómo podía siquiera pensarlo?! ¡Lo odiaba, le temía! ¡Él la dañó cuando aún era una niña! Lo odia...ba, le temía...

Lo volvió a mirar. Esta vez con fijeza. Lo miró fascinada...

Lanzó un grito salvaje que hizo crujir sus cuerdas vocales. Todos se espantaron. Reinó el silencio. Comenzó a correr alabando la hermosura del macho. Se lanzó a sus brazos...

La recibió con feroz determinación. Aries, reina del zodíaco; Aries, hecha de fuego; Aries, destinada a ser suya.

Comenzó a danzar como una demente. Chillaba como un ave de rapiña desollada. La imagen de su silueta derritiéndose en las entrañas del macho causó pánico.

Intentaron rescatarla extendiéndole un madero grueso, pero había perdido la coordinación. Se desintegraba sin remedio.

Cuando lograron doblegar al macho, lo que quedaba de Aries eran las cenizas. Su padre las rescató y con infinitos cuidados las guardó en un pequeño frasco de plata. ¡Lo mejor para su niña!

Estaba solo. A Gabriela el impacto de la muerte brutal de su hija la transportó al mundo de la flora. Ahora era una pequeña planta de la que cuidaría con una mezcla de espanto y de amor, hasta el final. ¿De cuál de los dos? Sólo Dios sabía.

Nuevamente pensó en Aries. Sintió mil cuchillas haciéndole jirones el pecho, sintió una desesperación loca, deseó tirar de sus cabellos hasta arrancárselos, deseó gritar hasta hacer polvo sus pulmones, deseó echar a correr y no parar jamás, deseó... no estar vivo. Gritó desgarradamente, gritó como un demente, gritó hasta que ya no le quedaron fuerzas y cayó en el suelo hecho un ovillo. Entonces lloró de rabia y sólo tuvo un poco de consuelo al comprender a donde pertenecían las cenizas que amaba.

La bofetada salada del mar lo confortó. Cerró los ojos como implorando fuerzas al cielo. Destapó el frasco y se le escapó una lágrima que huyó a diluirse entre las cenizas. Volvió a taparlo y lo pegó a su pecho.

Nuevamente comenzó a llorar, pero en esta ocasión con un llanto sosegado, un llanto de resignación.

Destapó el frasco y comenzó a dar vueltas y vueltas, se detuvo, respiró profundo y las lanzó al mar.

Una enorme ola se levantó hasta casi besar al cielo por la alegría. La esperaba pleno de amor, de abundantes promesas de vida, de vida eterna. Era Atanasio convertido en esencia de mar y acurrucado en el seno de la ola.

El niño nació en el estallido triunfal de la espuma en la orilla. Ahora eran una familia completa. Nada los separaría.

# Soplido de carne

Era la una de la tarde. En el charco de aguas turbias, justo frente a uno de los pórticos del antiquísimo claustro, se reflejó fugazmente una pequeña figura. Los dientes, semejantes a gigantescos granos de maíz, parecían aventajarle el paso lento e inseguro; los ojos, pequeñísimos y hundidos, miraban al mundo con una expresión dilatada, a través de los gruesos y curtidos lentes de los espejuelos cuadrados con marco de carey. Las enormes orejas parecían competir con las de la parra, estremecidas al compás del viento sobre la superficie cuarteada por el excremento empelotado, que servía de alimento a unos casi microscópicos seres.

Su ritual comenzaba con una danza exótica sobre la natilla maloliente que despedía sus vapores como en espiral. Luego se alejaban como para retardar el placer de la deglución. Entonces se juntaban por pares bailoteando unos muy cerca de los otros. ¡Pareciera que deliberaban acerca de qué porción le correspondería a cada uno! Después, como por acuerdo mutuo se lanzaban a devorar el alimento que reposaba en el recipiente fecal.¡Repentinamente un viento huracanado los deperdigó! Los más afortunados lograron emprender un vuelo azaroso y desaparecer del campo visual del intruso; los demás perecieron ahogados.

El causante de la ventolera caminaba indiferente sin percatarse siquiera de cuanta pequeña destrucción había ocasionado a su paso.

Cansado y sudoroso por la caminata se enjugó la frente con el dorso de la mano. Le sobrevino la curiosidad de cómo sabría su sudor y, sin dudarlo, succionó las gotas cuarteadas por la grasa. Se limpió la mano en la camisa y buscando comodidad se recostó en un banquillo que quedaba expuesto a la turbulencia del espejo.

Lo sacó de su abstracción el ruido producido por un grupo feliz al pasar. Un grupo sin rostros, unos seres cuyo atributo exclusivo era el de portar faldas. Los ojillos de ave de rapiña se le contrajeron convulsivamente, sintió que un látigo puntiagudo le azotó las ingles y una oleada de morbo le ahogó. Pero todo terminó con la desaparición de los multicolores aleteos de seda.

Miró el reloj de "Mickey Mouse". Las 2:05 P.M. Iracundo, evocó las múltiples burlas de las que aún era objeto por seguir llevando consigo el roedor de sonrisa plástica hasta la antesala del ocaso de su vida.

Recordó que era la hora de la merienda. De la mochila con estampado de caricaturas, las cuales llegó a resentir, extrajo tres termos y... ¡un babero! Su madre se lo había cosido. Cuando intentó protestar recibió una tunda que aún no había podido olvidar. Comenzó a devorar los alimentos con las manos, embarrándoselas y, de paso, todo lo que tocaba. Comía con desesperación, agachando la cabeza sobre el termo de turno que sostenía entre las piernas. Cuando terminó lo guardó todo, se lamió las manos y expidió un eructo desgarrador que saturó el aire de un olor a leche de cabra y calabazas digeridas. Volvió a eructar y se acarició el vientre con mano feliz. Miró su reloj, que marcaba las 2:27 P.M.

Cuando volvió a mirar, le recibieron un par de ojillos vivaces, pero vacíos. Las 2:59 P.M. Había llegado el momento de su diversión favorita: repasar la guía telefónica. Era la más reciente. Había hecho lo imposible por adquirirla. Se ajustó los espejuelos y comenzó a leer. Repasó con calma cada renglón, marcó, tachó y anotó en una pequeña libreta de apuntes. Ya había leído y repasado los nombres y números telefónicos de su pueblo y de la mayoría de los pueblos vecinos; tan sólo le faltaban cuarentaisiete pueblos. 3:21 P.M. Un temor muy íntimo lo sacudió. Tendría que apresurarse pues se le estaba agotando el tiempo. Cada nombre le llevaba a preguntarse mil cosas: ¿Cómo serían las personas de cada familia?... Quizá tan solitarias como él. ¿Serían las mamás tan... –algo se agitó dentro de sí y el dolor le traspasó los ojos–buenas como la suya? ¿Habría niños?, ¿tendrían muchos

juguetes?, ¿tendrían...–algo volvió a sacurdirse en su interior–
tendrían mascota? Recordó con amargura a Roma, una perrita
callejera que recogió y a la que bautizó y acicaló...–un sollozo
escapó de su boca contraída–para la muerte gobernada por la
sonrisa triunfal de su madre!

El recuerdo de gritos le atormentaba. La guía se le resbaló de
las manos y fue a dar contra el piso. Se cubrió las orejas y una
lágrima se cuarteó en su mejilla. 3:41 P.M. Se le hacía tarde.

Retomó la guía telefónica del piso y la abrió justo donde se
había quedado. ¡Así de bien se la conocía! Y volvió a las
interrogantes: ¿Habría mujeres bellas? Cerró los ojos para
fantasear a su antojo. ¿Sería alguna tan bella como su Da...?
Abrió los ojos abruptamente. El retrato de su propia imagen se
distorsionó. Se mordió los labios hasta grabar en ellos el impacto
de su sufrimiento. Lanzó una risotada salvaje que traicionó la
intimidad de sus perlas rojas. Un torrente de legañas le cegó, y
lanzó una loca pincelada en el lienzo del final cercano.

Comenzó a cantar a viva voz. Su voz era celestial. Cantaba por
su Dadelos. La única mujer a la que en realidad amó, cuando aún
era de flores y no de hojas secas y filosas la carga que sobre sus
hombros le fragmentaba el existir.

Fue su rechazo el que lo sumió entre los zarzales del morbo
cuyos yerbajos le carcomían la cautividad de sus ingles maduras,
y que le apresaron en la enfermiza alegría de aleteos casuales y
lejanos.

Nuevamente se enfrentó a la insolencia de vinil del pequeño
mamífero. Las 3:50 P.M. Y a la numérica sopa de papeles no le
llamaba la atención. La imagen en el acuoso retrato se volvió a
distorsionar.

Se levantó. Era tarde. Pasó por el lado de la charca y sintió que
le llamaban. Era la voz del maltrato. Tembló. Se asomó y le
pareció ver a su madre mirándole con los capilares ópticos
reventados por el furor. Agitando un dedo enemigo le increpaba
por una tardanza que esta vez se diluiría en el infinito. Un
cansancio de siglos le ofuscó y le debilitó los miembros. Lanzó
un escupitajo al agua que le dejó la boca hecha sal. Caminó sin
rumbo. Atravesó el pórtico. Sintió que se le habían quedado
demasiadas cosas inconclusas. Sintió que su vida, pero... ¿Cuál
vida? ¡Bah!, ya no tenía importancia. En verdad el día había

estado muy pesado. Estaba cansado.

Se detuvo al borde del abismo de metal. Como en un brochazo fugaz vio la mezcla de tres colores, pero no pudo distinguir ninguno. Por alguna razón recordó sus primarias peripecias escolares. No se detuvo a pensar en ello.

Miró hacia abajo y vio un mar de negrura fusionándose con los chorros de metal caliente. Vio a Dadelos llamándole desde el fondo, le invadió la ternura y se arrepintió de haberla calumniado. Se lanzó pleno de amor.

Un crujido pavoroso tronó en el abismo. Ni siquiera se oyó un grito.

Nunca llegó a presenciar el ocaso de la cuarta estación. La última vez que miró el reloj eran las 3:57 P.M....

En el pavimentado borde del abismo un ratoncillo astillado de mirada plástica marca las 4:00 P.M.

Maru Antuñano

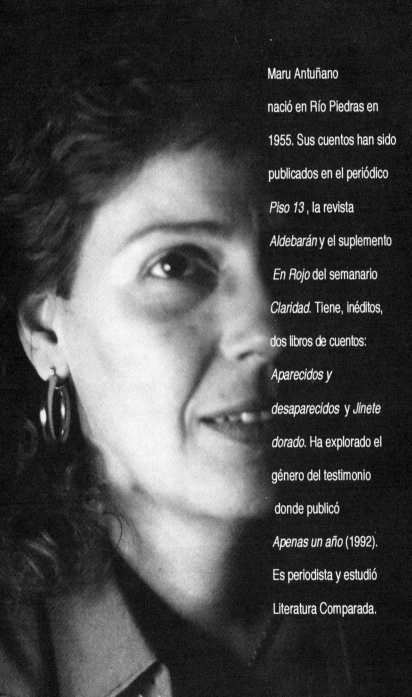

Maru Antuñano
nació en Río Piedras en
1955. Sus cuentos han sido
publicados en el periódico
*Piso 13* , la revista
*Aldebarán* y el suplemento
*En Rojo* del semanario
*Claridad.* Tiene, inéditos,
dos libros de cuentos:
*Aparecidos y*
*desaparecidos* y *Jinete*
*dorado.* Ha explorado el
género del testimonio
donde publicó
*Apenas un año* (1992).
Es periodista y estudió
Literatura Comparada.

# MEMORIA DEL FUTURO

Le tomó menos de cinco minutos creerse la historia. Unos veinte años, dominarla: irla reconociendo cada vez, como si fuera nueva. Atar cada cabo, cada gesto. Que no quedara ni uno sólo dispuesto al azar. Era la única manera de levantar el cuento que escuchó una sóla vez. Inventarse sería una tarea ardua, lo sabía, pero le parecía mucho más interesante y menos riesgoso que irse desarrollando poco a poco como el resto de las personas que conocía. Lo único cierto, antes de creerse la historia en aquellos cinco escasos y anodinos minutos, era su deseo.

Miró sus manos cansadas. Habían recorrido un largo camino. En una estaba dibujado el mapa de su cuerpo fuerte y ancho; en la otra, el mapa de su cerebro por el que se enredaban golpes de suerte y de astucia, recovecos que nunca reveló a nadie. Guardaba estos secretos en los bolsillos del pantalón o la chaqueta. No habían sido pocos los que asombrados al no recibir la mano como saludo acabaron llamándolo excentricidad. Se limitaba a inclinar su cuerpo hacia delante como muestra de respeto, cortesía e incluso hasta de cierta humildad.

Había logrado dividir su vida en dos grandes hemisferios separados por su cuerpo y unidos a él tan natural e imperceptiblemente como en cualquier ser humano. Esta pequeña escisión había sido olvidada pronto en su invención. No quedaba más remedio so pena de echar abajo todo el esfuerzo.

Con sólo poner la mano izquierda sobre el cuerpo de una mujer, la palma de la mano que llevaba su cuerpo al relieve, ésta se enroscaba a él como una culebra, entregándole todo cuanto pedía o necesitaba para satisfacerse. Al cabo de horas y horas de realizar fantasías, se marchaba dejando en el lecho el cuerpo de una mujer totalmente desprovisto de razones y recuerdos. Era como si nunca hubiera sucedido nada a pesar de las sábanas revueltas, del olor a semen por su cuerpo, de la vagina abierta y resentida, casi satisfecha. Algo se había marchado del lugar y no había ni rastro al que ella pudiera asirse para justificar la entrega.

Su mano derecha, en cambio, era aún más poderosa. A través de ella tenía acceso a la mente de todos aquellos que día tras día, mes tras mes, se cruzaban en su camino. Y estos eran bastantes. Su negocio, que así lo llamaba él, era vender anuncios para revistas de modas aunque tras aquella profesión nada envidiable, pero para sorpresa de todos enormemente lucrativa, se ocultaba la ambición de un hombre dispuesto a recoger toda la información que su mano derecha le proporcionaba en cuanto a trapicheos internos de las empresas y reciclarla, a cambio de una nada desdeñable suma de dinero. Nadie se explicaba cómo la competencia conseguía aquellos informes que por miedo ni siquiera habían introducido en los bancos de datos del ordenador. Pero el trasbase de informaciones ocurría y sobrevenía la quiebra, o la investigación quirúrgicamente dirigida al punto débil y muchas veces ilegal de la compañía.

Al principio los periódicos sólo recogían informaciones que parecían no tener en común más que la tipografía o el titular poco alarmante, aunque satisfactorio para muchos, de la caída de una compañía menor dedicada a productos de belleza o bolsos de mujer para grandes almacenes. Notitas cortas que él cuidadosamente recortaba y pegaba en una gran página en blanco que colgaba de la puerta de su habitación. Cada notita estaba rotulada con un número. Comenzaban con números bastante altos, según la página en la que hubiera sido anunciada la noticia. Según pasaban los días eran más las notitas y los números iban en descenso, hasta llegar a los de una cifra. También crecían los titulares, su sonrisa y hasta le pareció que había aumentado unos centímetros de estatura. Lo único que bajaba alarmantemente era el negocio. Con cada cierre habían ido cancelándose anuncios y con ellos la comisión de ventas que recibía. Pero a él no parecía importarle mucho. Comentaba que los que realmente valían la pena, los de las grandes empresas, seguían su curso aparentemente normal y en estos era que cobraba una fuerte cantidad, los otros contratos lo tenían sin cuidado.

Como no tenía familia propia, pues nunca había podido amar a una mujer, se consolaba con cualquiera que, al alcance de la mano, pudiera retener para un rato. Y hasta el sexo había dejado de interesarle ya; se repetían como un rosario los cuerpos, los quejidos, las caricias. Tampoco tenía la costumbre de frecuentar amigos. La había descartado tan pronto como les ponía la mano derecha en el hombro. Uno por uno fueron perdiendo todo lo que tenían. No sólo negocios o dinero, sino también mujer e hijos. Su venganza no tenía límites. Había leído cada uno de sus pensamientos y lo que una vez había sido cariño incondicional se tornó amargura y decepción. Ni uno sólo encontró que en algún lugar de su cerebro no albergara la envidia o el deseo de acabar con él, de verle destruido. Tal vez, en todos esos años, fue lo más que le dolió.

Ya no quedaba rastro, ni siquiera por su memoria, del niño que había sido. Sus travesuras habían desaparecido con la adolescencia y con ella le había llegado el deseo. Por él descartó voluntariamente la vida de los demás. Fue la noche que escuchó la historia. A nadie más parecía interesarle. Entonces quemó sus primeros poemas y las cartas de María Beatriz. Abrió la ventana y dejó sobre el alfeizar, de cara al sol, la palma de sus manos. Al día siguiente comenzó la tarea de re-aprenderse. Dominó su habilidad al cabo de varios años. Su poder era ilimitado. O al menos eso creía.

Según fueron cayendo empresas y gobiernos, sin límite geográfico o plan previo, el pánico se iba extendiendo de una a otra punta de los continentes. Ultimamente viajaba mucho y traía de vuelta titulares en italiano, en colombiano, en panameño, en cubano, en ruso, en alemán. No los entendía literalmente pero tampoco le hacía falta. Como una araña tendía sus hilos invisibles que estrangulaban sin dejar rastro.

Un día apareció la noticia: había una organización o tal vez un grupo de terroristas dispuesto a acabar con la economía, con el comercio, con los gobiernos. Fue el único periodista que se atrevió a pensarlo, a escribirlo y luego calló al ver cómo al mundo se le abrieron los labios en una enorme carcajada.

Pronto llegó el día en que nadie se atrevía a pensar. Se vivía el terror, el pánico a ser descubierto. Callaron todos los cerebros del mundo y se dedicaron a la repetición. Los bancos cerraron sus puertas al público que tampoco se atrevía a reclamar nada de lo que hicieran suyo una vez. La palabra era sustituída por el silencio, por la página en blanco que nadie se atrevía a violentar. Se detuvo la vida. El miedo se palpaba en el aire. Era la espera.

Nadie sabía qué era lo que esperaban. Sólo él sabía que tenían que dejar de hacerlo. El mundo dejaba pasar el tiempo como en una noche lenta y espesa a la sombra de cuarentitres grados de calor. Solo y con una sonrisa iluminada él se asomaba a su balcón. Había llegado el momento en que podía volver a crearlo, igual que cuando escuchó aquella historia y se cavó la palma de la mano para escindir la ambición y tenerla clara.

Todo había ocurrido tan fugazmente, tan de prisa. Estaba cansado. Su cama le aguardaba, abierta desde hacía años. Pero antes se merecía un aplauso, su aplauso. En ese momento, mientras en un oscuro callejón del mundo se leía en voz baja el primer poema, se intentaba el primer beso, mientras se iluminaban una a una las luces de la ciudad, él caía fulminado con sus dos manos apretadas en un aplauso de soberbia.

Madrid, 1991

# DESENCUENTROS

Caminó un poquito más cerca. Lo suficiente para que su sombra desapareciera bajo la mole de su cuerpo. Levantó la vista y contó despacio hasta cuatro, hasta cinco. Le habían devuelto la sonrisa. Una sonrisa envuelta en celofán y luces de neón. Una sonrisa, que más que una sonrisa era una mueca, un gesto, un dolor, un engaño. Le habían devuelto la sonrisa a fuerza de soledad y silencio. De noches y noches quietas, mirando el fantasma que se escapaba por entre la ventana de madera. Por la que durante todos aquellos días interminables, todos aquellos meses eternos había ido lanzando sin pensar las colillas de todos los cigarrillos que fumaba entre una soledad y otra, entre una desesperación y otra.

Contó hasta cinco y soñó cómo podría ser. Cómo sería él si ella dijera una sola palabra. Cómo sería ella si él dijera una sola palabra. Se habían encerrado noches enteras a contarse la vida. Había sido la locura y la verdad. Poblar de palabras la vida que se detenía al borde de la cama o de la silla del comedor. La vida que iba y volvía a oscuras desde y hasta la cocina con un café, con un trago, con unas galletas de vainilla atadas al sabor de medianoche o madrugada. Había sido fácil, había sido duro. Contarse la vida. Armarse de valor para no mentirla y mentirla también sabiéndose inventores de su propia noche. De un futuro cercano, predecible.

"Era que la cama me quedaba muy grande y yo me sentía muy pequeña y tenía miedo y las sombras se hacían largas y grandes. Y me quedaba quieta, sin mover un músculo para olvidarla pronto. Para ganar el sueño." Y mientras, él acariciaba su piel, cada pliegue de su cuerpo que conocía y descubría en la penumbra, al amanecer, cada tarde. "Y tú caminabas descalza por los pilares recios de la cama, vestida de sábanas azules y sueños perdidos." Le contaba para que no tuviera miedo. Porque a veces los recuerdos quedan demasiado lejos y demasiado dentro y hay que romperlos cuando llegan, cuando se escriben, cuando se cuentan. Así se contaban la vida. Sin una secuencia, sin un motivo. Era que esperaban su noche y su hora para dejar salir con su prisa cada línea, cada caricia nueva o no pero distinta.

Sus ojos llenaban la habitación de verde. Quiso sentirla en colores. Amarla como un vía crucis: entre recuerdos y pasiones. Así. Primero, vestida de verde, amada de verde, reventando de color en cada beso que sentía llegar. La buscaba en colores. Era un juego que se diluía en otro juego; uno de verdades infladas.

Cada vez que contaba hasta cinco soñaba para atrás. No como otras veces cuando veía el futuro. Le decía muchas historias, las que quería olvidar. Historias de dolores. Historias también, que quería fijar, lapidar en el momento. Cada una era un olvido. Como aquella de los duendes pintados de luces que corrían entre la hierba buscando la ocasión de subir al árbol donde esperaban la llegada de un cometa. Donde él perdía a un tiempo la inocencia al recordar sus noches vacías. Su semen nuevo y extraño.

Cada vez que contaba hasta cinco soñaba el momento. Instante que detenía para que no escapara, instante que llenaba de palabras contadas, de horas y luchas: en la escuela, en la casa, cuando todo le quedaba grande menos los zapatos, cuando todo le quedaba lejos menos el papel y el lápiz y la mentira o el cuento sencillamente tierno de la infancia. Contaba hasta cinco y hablaba en números.

Números que contaban los primeros versos, las primeras escapadas. Porque los cuartos eran separados y se oían los gatos maullar y se veía, al día siguiente, la sangre que dejaba el rastro de que no fue sueño. Sabía. Ella siempre sabía que no era así pero sus palabras se convertían en pájaros y volaban lejos, sin sonido, con un leve rumor de cansancio y tristeza. Le vendían mentiras que recuperaba a fuerza de raspar y raspar el recuerdo.

Él reía. Cantaba su infancia con cintas de colores. Jugando a no ser. Juego que casi vuelve cierto como el de jamás soñar. El jamás soñó. Sabía que en mitad de su adolescencia dejaría de existir. Así. Porque no había una razón, no había motivo para el drama o la explicación. Pensó lo mismo a los nueve y luego a los ocho y luego a los siete. Y casi perdió la vida cuando lo olvidó.

Sabía que recordar la infancia era recordar la vida. Antes del silencio, antes del terror, antes del mutismo salvaje donde buscó la vida. También sabía que antes de la llegada, antes de que ella estuviera no habría podido contarlo. Antes era correr. Era buscar. Era olvidar, y en ese olvido acariciar vientres y labios, espaldas; inventar historias de amores ridículos o atrevidos, hasta necesarios. Era hurgarle las entrañas al vecino de sábana, al cuerpo que reía al otro lado del brazo izquierdo.

Y la noche seguía avanzando. Perdiendo bajo su sombra la mole de sus cuerpos. Sombra que era como un entierro en la cama compartida, en la noche compartida, en palabras y palabras que ella escribía, que él soñaba o creía. Una caricia los devolvía al momento. Acercando o aislando el mundo que aguardaba su aparición. De la historia que aún no era escrita ni sería.

Por eso guardaba sus cuadernos llenos de páginas en blanco. Traídos de Italia, hechos con papel de pergamino, en blanco. Papeles que cargaban con todas sus frases hechas, escondidas, avergonzadas. Acartonados en el fondo de una de las tantas cajas en las que año tras año había ido depositando lo que le quedaba de vivir. Cuadernos sin palabras, en espera de la historia. Esa que escribía el otro cuando le contaba, después. Desde una hora donde ella no estaba, desde un momento donde él no estaba. Recuerdos que se tomaban prestados o que se robaban ya para siempre.

Supo que no se moría, él. Ella siempre soñaba. Eran augurios, presagios y sudores que se le escapaban cuando el cansancio le vencía el cuerpo. Supo que no se moría, él, aunque la fecha se pospusiera cada década. Ese era el secreto. Creía. Esperó al 24. Mayo era un mes muy largo. Mayo siempre decía verano aún sin flores. Aún sin lluvia. Pero también podía haber sido agosto: un mes muerto, anodino, escondido entre los olores exóticos de un julio exuberante y desquiciado o precediendo a un septiembre más frío y calculado. Agosto fue el mes que siempre anotó, cada semana. Para siempre, hasta que fuera olvido.

Quizá fue por eso que una noche arrancaron todas las hojas de un almanaque, de aquel calendario alemán y luego del francés y así adelantarse al olvido. Quizá fue por eso que inventaron su boda hasta el principio. Amaron todo lo vivido. Guardaron en un cofre papelitos azules, rosas, verdes y amarillos llenos de minutos. Llenos de placeres y descubrimientos. Sembraron el suelo de sábanas y flores secas para cantarse la bienvenida.

Contaron hasta cuatro, hasta cinco y la noche seguía. Los días eran noches amanecidas. Eran espera y delirio. Eran amarillos como las flores y amarillos como amaneceres de inviernos lejanos.

"Era que te esperaba. Todo ha sido una enorme cadena de incoincidencias, de desencuentros." Ambos habían cruzado las mismas puertas, las mismas calles. En cajas pequeñas ambos guardaban sus diferencias. Ambos habían sentido la presencia del otro mucho antes. Cuando no había pronombres. Cuando la piel dolía de tan joven. Cuando la piel se estiraba y resistía la quemadura del sol y el salitre, cuando los labios eran rojos y el pecho quedaba florecido de tanto amar y poseerse en otros cuerpos en donde buscaron y mataron ilusiones.

Comparando anotaciones que extraían desde el fondo de la memoria confirmaron lugares, plazas y libros que habían recorrido. Anécdotas, amistades vacías y locas, bares oscuros y llenos de olores, a veces de promesas. Confirmaron que se habían pasado la vida tan cerca. Rozando esquinas, evitando el minuto preciso del encuentro que ocurrió cuando olvidaron sus rutas. En ese mismo instante supieron y aún antes, anticiparon, con la certeza que da lo imprevisto, que cuatro o cinco daba lo mismo. Sólo era contar más y más allá.

1990

# Ingrid Cruz Bonilla

Ingrid Cruz Bonilla

nació en Santurce en 1968.

Ha publicado en la revista

*Contornos* de la Universidad

de Puerto Rico y en el

suplemento *En Rojo* del

semanario *Claridad*.

Actualmente trabaja en una

novela detectivesca. Estudió

Literatura Comparada.

# Sin título #1

Esa mañana, cuando sonó el despertador, se levantó de un tirón, para impedir que la modorra alimentara su somnolencia. Negó el saludo a Cronos, acurrucado en el medio de la cama, pues no lo había dejado dormir cómodamente. Este de todos modos lo ignoraba y seguía durmiendo muy tranquilo. Por un momento deseó ser perro también y quedarse arropado, roncando en armonía. Pero el deber lo llamaba. Al abrir la puerta del balcón para respirar la fresca brisa matutina se percató de que aún no había amanecido del todo; el sol todavía pugnaba por imponerse sobre el horizonte de montañas y edificios, el panorama de árboles y antenas de televisión. Fue entonces cuando miró la hora por primera vez. ¡Maldición! Lo había levantado hora y media más temprano. ¿Por qué? El despertador no podía haberse adelantado por sí solo; alguna razón habría, pero no la recordaba. Sobre el gavetero encontraría la solución. Se acercó lentamente, sin prisa, como queriendo vengarse indolentemente de la urgente indiscreción del alarmista. Tomó su agenda, una de éstas nuevas que traen calendario, libro de teléfonos y direcciones, calculadora, tarjetero y libreta para apuntes dentro de una carpeta de fino cuero negro, la cual se había convertido en compañera inseparable, apéndice de sus pensamientos, organizadora implacable de su tiempo. Sus dedos acariciaron la suave superficie. Buenos días, querida amiga, ¿qué me tienes para hoy, por qué despertarme tan temprano? Sus apuntes decían: Buscar el carro en el mecánico 8:00 a.m. Lo había llevado al taller la tarde anterior, problema con los frenos, por poco se estrellaba contra un poste eléctrico. Parecía extraño que no recordara de primera instancia este suceso, pero lo atribuyó al ajetreo de su vida diaria. De hecho, si no fuera por su agenda no podría recordar la cantidad de citas, almuerzos, reuniones, vistas, conferencias, conciertos, tertulias y otras actividades en que se enfrascaba. Se vistió rápidamente para llegar temprano a la parada de guaguas y no tener que esperar demasiado. Esto se le hacía fácil, pues dejaba la ropa preparada la noche anterior y se bañaba con agua fría para no esperar por el calentador. No quería perder tiempo precioso a la expectativa de uno de esos lentos y apestosos artefactos móviles conducidos por choferes insensibles y vagos (casi todos son gordos fofos, lo cual delata su apatía), a quienes no le importa en lo más mínimo que su parsimonia arruine los planes de aquellos desgraciados que son sus pasajeros.

Luego de tomar el desayuno cotidiano que, cosa extraña, le supo ajeno, desacostumbrado (lo achacó a la hora, que no era la habitual), estrechó entre sus manos y hojeó religiosamente su calendario, pues nunca se acordaba de lo que debía cumplir cada día. A veces sus compañeros lo embromaban, diciendo que era tan despistado que sin su agenda no podía funcionar y que si algún día la olvidaba sería como si olvidase la cabeza sobre la almohada. Otros más socarrones le decían que lo único que necesitaba era conseguirse una sirvienta que limpiara su casa e hiciera comida, pues la carpetita negra ya se encargaba, como toda una esposa, de organizar y decidir por él. Limitábase a sonreír y correrles la máquina, dejarlos manifestarse, porque no entienden. Parecía ser un día bastante tranquilo: en la mañana vería a dos clientes, almorzaría con su jefe a mediodía, y por la tarde asistiría a una conferencia. Al final de la lista había una anotación de cita: 6:30 p.m. Domenech #113. Nada más, ningún nombre ni explicación. Podía ser cualquier cosa. Le disgustaba que otras personas fueran oscuras a la hora de llenar su plan temporal. ¿Quién sería? Ya se enteraría y le llamaría la atención, pues no le gustaban las ambigüedades respecto de sus compromisos, no incurriría en ellas (su agenda era un modelo de claridad y coherencia) y exigía que los demás hicieran lo mismo.

Antes de salir a la calle regresó a buscar su reloj pulsera, compañero importante e inseparable. Era un hermoso reloj digital color dorado, regalo de sus compañeros de oficina el día que recibió el tan merecido y muy esperado ascenso, con su correspondiente aumento de sueldo. Le gustaba mucho porque no perdía tiempo descifrando la posición de las agujas, en especial el segundero, difícil de perseguir. Corroboró la exactitud cronológica frente al despertador; pero, por si las dudas, llamó por teléfono a la grabadora del Banco Popular que le dió los buenos días y la hora exacta con las últimas tasas de interés hipotecario. Adquirió este hábito desde sus tiempos en la Universidad, para tener siempre una idea clara y objetiva en medio de la policronía profesoral, sumada a la inefectividad del reloj de la torre, que exhibía una hora diferente en cada una de sus caras. Luego de comprobar la hora exacta se lanzó a la calle para comenzar su jornada.

Mientras esperaba la guagua intentó revivir lo que había soñado. Gustaba de recrear sus sueños, incluso tenía un patrón específico para hacerlo. En la semana aprovechaba el tiempo perdido en los gigantescos tapones del tráfico urbano. De esta forma no quedaba a la deriva, sumido en el turbulento mar de automóviles y bocinazos urgidos, arbitrarios semáforos, insensibles guardias de tránsito e impacientes conductores que se enfrasca-ban desesperadamente en una lucha de odios y tensiones sobrealimentados. Dentro de su pequeña caja a cuatro cilindros rememoraba exquisitos episo-dios o miserables pesadillas. Dependiendo de lo soñado, estaría de buen o mal humor esa mañana. Los fines de semana se sentaba a la mesa, diario y estilográfica en mano, y traducía en palabras los símbolos nocturnos mientras tomaba café y tostadas. El estímulo para estas actividades provenía de la soledad. Parado en el mismo medio de una guagua, con viejos billeteros de lotería a un lado y ruidosos muchachitos de escuela pública al otro, no se inspiraba. Le molestaba sobremanera, porque sentía más que nunca ese día la necesidad urgente, la importancia de descodificar la pesadilla. ¿Y cuándo había llegado la guagua? No recordaba en lo absoluto haberla abordado. ¿No sería ésta parte de la pesadilla en cuya busca se hallaba, desdoblándose ante sus ojos? La mera espera impaciente le parecía una grandísima tribulación; ni siquiera tenía idea de las vicisitudes que estaban al acecho.

Llegó al taller y preguntó por su automóvil, pero no pudieron decirle nada importante. Solamente había dos aprendices de mecánico, no tenían idea de lo que estaba preguntando, que ellos supieran no había ningún Fiero listo para esta mañana. Le pidieron que volviera después del almuerzo, cuando llegara el jefe. Refunfuñando a diestra y siniestra, renegando de la ineficiencia de algunos obreros, siguió a la parada, no sin antes anotar que tendría que llamar después del almuerzo. ¡Ay de ellos si el trabajo no estaba listo esa tarde!

Estuvo esperando muchísimo, y prefirió dirigirse a ver el primer cliente antes de llegar a la oficina. Llegó con media hora de retraso. Para colmo de males, el cliente había olvidado totalmente la cita. La secretaria le informó que no podía ver a su jefe, el cual había partido al interior de la isla a visitar sus establecimientos comerciales. Dejó escrito un memo bastante cargado de reproches (¡Cómo odiaba que lo dejaran plantado!) y salió a la calle en dirección a su segunda cita. Corrió la misma suerte, pues este individuo había decidido comenzar sus vacaciones justamente ese día, sin tener el más mínimo gesto de cortesía como para avisar la cancelación. Tremendo comienzo, tendría que reconsiderar su trato para con sus clientes, ya se estaban malacostumbrando.

Afortunadamente, llegó temprano al restaurante para almorzar con su jefe. No había mesa reservada, así que se sentó en el sitio favorito del capo, una esquina frente a la ventana, para tener constancia de quién iba y venía, y se sentó a leer el periódico. Pasó por alto las noticias policiales y de política; no tenía ganas de aburrirse con cacareos impertinentes y desin-formados de los legisladores, ni quería alimentar su espíritu morboso ese día. Hojeó la sección de negocios, saltó las esquelas y clasificados, buscó las actividades culturales. Anunciaban un concierto de la sinfónica en la Uni-versidad el próximo viernes. Cuando buscó su agenda para anotarlo en el calendario, cayó en cuenta de que no la traía consigo. Mentira, eso es embuste, la tienes sobre tu falda, no es posible que la hayas perdido. Se desesperó y su capacidad de razón se nubló a tal grado que estuvo a punto de echarse a la calle como un loco en su busca, pero lo pensó mejor, recordó que su jefe estaría por llegar y no sería beneficioso que no lo encontrara. Pero su agenda... ¡Su bendita agenda! ¿Qué sería sin ella? ¿Y si no la recuperaba? Vamos, no seas pesimista, seguramente se te quedó en la oficina de uno de esos zafios que fuiste a ver. Decidió llamar por teléfono y asegurarse. ¿Y si le mentían para robársela? ¿Cómo recopilar de nuevo todo lo que tenía allí escrito? Si ya se le había olvidado casi todo, precisamente por eso hacía los apuntes... Cálmate y trata de pensar coherentemente, por favor. Antes que nada, llama a esos ingratos. Recibió de ambas secretarias la misma contestación, en igual tono mecánicamente monótono. Por un momento se preguntó si no habría llamado dos veces al mismo número. Tendría que llamar a la Autoridad Metropolitana de Autobuses para averiguar si la había dejado olvidada en alguna de tantas guaguas abordadas ese día. Pero antes prefirió almorzar, al menos tomar una copita de vino, pues no se atrevía a ordenar sin que su jefe estuviera presente.

Una hora y cuatro copas más tarde, su jefe aún no llegaba. Almorzó solo, molesto y preocupado por la ausencia del superior. Luego de pagar la cuenta telefoneó a la AMA; nadie había encontrado una agenda perdida. Claro, ¿quién va a entregarla? Seguramente un chofer se quedó con ella, esos malditos... Sufrió mucho al pensar que su nuevo dueño no sabría darle uso, no como él. A las dos de la tarde caminó en dirección a la conferencia, una disertación sobre testamentos, división de la herencia entre hijos de diferentes esposas, sociedades de bienes gananciales, etc. El material a discutirse era tan fascinante que le hizo olvidar los azares de su jornada. Se sumergió en el tema de tal forma que el tiempo se le escapó volando, y cuando quiso agarrar el aleteo de los minutos descubrió que no tenía puesto su reloj. ¡Demonios! Debió haberlo olvidado sobre el lavamanos del baño del restaurante. Ya ni se molestaría en buscarlo, estaba seguro que no lo hallaría, perdido para siempre como la agenda. El día había sido francamente horrible, una pérdida de tiempo tras otra. Preguntó la hora a su vecino de asiento. Las seis y media, de nada, para servirle.

Salió precipitadamente a cumplir con su último compromiso ese día, al cual llegaría con retraso de todos modos. Sería una venganza para el despreocupado ambiguo que lo citó sin especificaciones, por lo tanto no sentiría la más mínima vergüenza, aunque odiaba llegar tarde. Harto de esperar parado, llamó a un taxi. Domenech 113 y dése prisa, por favor. El taxista se detuvo frente a un enorme complejo de funeraria, floristería y cafetería. Bajó del taxi de mala gana. Lo que me faltaba, ahora sí que me fastidié, un velorio y no tengo la menor idea de quién ha muerto.

Eran las siete y veinte cuando entró en la única capilla ocupada ese día. Se sumó a la multitud de rostros familiares, tan absortos en su sufrimiento que no parecían advertir su presencia, como si un velo melancólico se hubiese posado sobre sus ojos. Vio a su jefe–por algo faltó al almuerzo–todo lloroso y alicaído, varios compañeros, algunos clientes, incluso dos profesores de la Universidad. ¿Pero quién había muerto que parecía ser tan cercano a su vida y de cuyo fallecimiento vino a enterarse en el último momento?

Se abrió paso entre los presentes, buscando el centro, queriendo precisar la identidad del difunto. Llegó tarde una vez más, pues estaban cerrando la tapa del féretro. Lo único que alcanzó a distinguir desde el ángulo en que se hallaba fue una mano, en cuya muñeca reconoció un reluciente reloj pulsera dorado, y una hermosa agenda de fino cuero negro bajo el brazo.

agosto - septiembre 1989

# JORGE

A fines de la primera semana, mamá dijo que seguramente se debía al calor del verano. No podía haber otra explicación. El calor intenso y desmedido que nos atacaba ese año. ¿De qué otra manera explicar que Jorge durmiera a pierna suelta de trece a quince horas corridas? Nosotros todos estábamos de acuerdo con mamá, después de todo el calor era soporífero. Incluso lo cogíamos de excusa para quedarnos en cama hasta bien tarde los domingos, en lugar de ir a la iglesia. El propio papá se la pasaba en la hamaca el día entero. Pero tía Pepa, como siempre, nunca se encontraba satisfecha con ninguna de nuestras explicaciones. Para ella lo de Jorge debía ser algo grave; después de todo un muchacho como él, tan activo y tan avispado, no podía, de buenas a primeras, volverse una plasta con el calor. Lo de plasta lo digo yo; a tía Pepa jamás se le hubiera ocurrido usar esa palabra. Pobre tía Pepa, siempre se quedó jamona y vistiendo santos, aunque no por elección suya, pero eso ya no importa para nada. Tía Pepa está muerta, como estamos muchos, aunque no todos de la misma manera.

Siempre consideramos a tía Pepa muy extremista (sobre todo papá, que nunca la soportó mucho) y por eso preferíamos la explicación que daba mamá entonces, aunque sin dejar de tomar en cuenta que ella siempre estaba a favor de Jorge. Pero eso parece ocurrir siempre con los hijos mayores. Yo no decía nada, pero más me parecía que Jorge estaba enamorado, ya que le gustaba balbucear versos de amor mientras dormía. A mamá no le contaba las cosas que decía él (y que sólo yo escuchaba, porque me gustaba meterme al cuarto de Jorge por las noches a observarlo).

Nunca me atreví a decirle nada porque me parecía terrible violar las leyes de complicidad fraternal. Además, tenía miedo de que me castigara por meterme al cuarto de mi hermano sin su permiso.

Ahora que lo pienso, nunca supe quién de todos tenía razón, o si alguno a fin de cuentas la tenía. Pero eso tampoco tiene importancia a estas alturas. Llega el momento en que una se acostumbra a las cosas y ya no hacen falta explicaciones. Sin embargo, esto no es así del todo. En realidad sí me hubiera gustado saber la razón de esa y muchas otras cosas que nunca sabré.

A papá le irritaba tanta "vagancia". Según él, Jorge era un mal ejemplo para nosotros. "Ese muchacho se me ha vuelto un mandulete, ya sabía yo que la Universidad no iba a traerle nada bueno"–solía decir cada vez que se hablaba de Jorge en el pleno de la familia. Recuerdo esto y no puedo evitar una sonrisa; su voz, cuando le daba el síndrome de padre, era muy graciosa, parsimoniosa y enérgica a la misma vez. Me causaba risa que papá viera ahora la Universidad como un barbitúrico, pues cuando Jorge empezó el bachillerato papá estaba eufórico al pensar que su hijo llegaría a ser un profesional. Y era realmente para reírse, porque de la manera que lo explicaba era tan simple, tan evidente la conexión entre la Universidad y la dormidera de Jorge: fue precisamente después de los exámenes finales, al terminar su primer año, que a Jorge le dio el "bendito sueño ése". Llegó a casa una tarde de mayo y dijo: "Despiértenme cuando lleguen las notas". Cinco días más tarde, Teresita se acercó a su cama con la hoja que acababa de entregarle el cartero. "¿Por qué me molestas, no ves que estoy durmiendo?"–le gritó él. A insistencias de mamá Teresita le recitó a Jorge sus notas. Él se limitó a cambiar de posición, diciendo entre dientes que ya lo sabía, que lo dejaran solo.

Para sorpresa de todos, Jorge quiso tomar un curso de verano ese año. Los primeros días asistía a clase, pero luego se quedó en casa durmiendo e iba solamente los días de examen (yo no entendía cómo se las arreglaba para saber cuándo eran, pues nadie de la clase se comunicaba con él que yo supiera). A pesar de que parecía desconectado de la clase, cada vez que tenía examen se levantaba y a las dos horas ya estaba en casa de nuevo, roncando.

Mientras tomó ese curso me pidió que le leyera los libros asignados. Me divertí mucho con la tarea, y me sentía importante ayudando a mi hermano, aunque no entendía bien de lo que trataban las cosas que tenía que leerle. Eran de temas extraños, cosas que a mí todavía no me daban en la escuela (que no me dieron nunca, dicho sea de paso, y no me hicieron falta). A veces pasaba páginas enteras sin entender lo que estaba leyendo en voz alta. En el fondo no me importaba mucho no entender, pues las palabras que utilizaban los que escribían esos libros eran tan bonitas que parecían poesía. Además, Jorge parecía entenderlo todo a la perfección. Papá me reñía mucho porque no le gustaba la idea de que ayudara a Jorge. Decía que para eso me fuera yo a coger los exámenes y así tenía aprobada mi primera clase universitaria desde noveno grado. Según él, Jorge abusaba de mí y no hacía nada por su parte. Sin embargo, terminaba tragándose sus palabras, pues Jorge era muy responsable a la hora de sus exámenes. Incluso a veces discutía el material en medio de uno de sus sueños más profundos. Claro, que tempoco entonces entendía yo de qué se trataba el asunto. Sabía que era un curso de literatura, pero lo menos que hacía era leer novelas.

Luego del examen final hubo gran expectativa en casa con respecto a la nota que sacaría Jorge en el curso. Hicimos apuestas y todo, las cuales yo gané. Para sorpresa de mamá, que había estado sufriendo todo el verano por el futuro del promedio del "nene", y de papá, que se la pasaba quejándose por los chavos malgastados en el "mandulete ése", Jorge pasó el curso con A. Le fue tan bien que hasta su profesor llamó a casa para felicitarlo. Como siempre, mi hermano no pudo atenderlo; estaba acostado.

Jorge siguió durmiendo a lo largo del resto del año. Tía Pepa venía de visita esporádicamente y aprovechaba la ocasión para fustigar a la familia (sobre todo a papá, que según ella no supo meter en cintura al muchacho cuando hizo falta). Pero todos continuábamos de acuerdo con la explicación de mamá, a pesar de que ahora ella misma dudaba. Aquí el calor es más o menos uniforme a lo largo del año, y ese año se sintió la misma temperatura lo mismo en julio que en diciembre. Durante el verano llovía a chorros por las tardes; entonces Jorge se levantaba y se iba al balcón, acurrucándose en una butaca vieja a leer el periódico. De esa forma, creo, no se sentía tan enajenado de lo que sucedía en el resto del mundo mientras él dormía.

A nadie se le ocurría preguntarle a Jorge qué era lo que le pasaba. Ya se le quitará algún día, decía mi padre; son cosas de la edad, decía mamá. Sólo yo me atreví a preguntarle, pero mucho más tarde, por qué dormía tanto, "¿Por qué no?", me dijo, y siguió roncando.

El resto de sus años de universidad los pasó en la misma dinámica, aunque hubo un par de variaciones. Ahora en las noches venían sus "novias" a leerle los libros asignados, y yo me encontraba la puerta cerrada con seguro. No puedo negar que sentí mucha rabia al principio, ¿pero quién no? Después de todo, Jorge acababa de despreciarme por una tipa gaga y chillona. Al menos él seguía yendo al balcón por las tardes, y entonces yo le leía el periódico mientras él se estaba quieto, la mirada puesta no sé dónde.

La Chillona duró poco, por suerte. Menos de una semana. La segunda novia hizo su aparición un mes más tarde, y era peor aún. Corrió la misma suerte que la primera. Me parece que duraron demasiado estas novias, para el poco caso que les hacía Jorge. Dormido la inmensa mayoría de las veces; aletargado cuando despierto. Cualquiera se hubiera cansado rápido, y sin embargo me consta que fue él quien las dejó. Ambas se fueron llorosas y doloridas el día de su última visita. Marta, la segunda, llegó incluso a mandarle dos cartas, pidiéndole que reconsiderara su decisión. Nos reímos una barbaridad, Jorge y yo, cuando leí en voz alta estos mensajes, tan plagados de cursilerías de amor desesperado.

La tercera ya era más bonita, por fortuna o para desgracia, porque a ésta Jorge sí le prestaba atención, lo cual parecía quitarle concentración en sus estudios. Muchas noches los espié desde el balcón, él acariciando las piernas de la muchacha (o mordiendo tiernamente su cuello) mientras ella le leía una novela con esa voz tan ronca y suave a la vez. Entonces ella dejaba de leer y los dos rodaban de la cama, cayendo al piso entre risas ahogadas. En ese momento creí ver confirmadas mis antiguas sospechas de que un "asunto de faldas" era lo que provocaba la extraña conducta de mi hermano. Incluso llegué a fabular toda una historia de ese amor, silenciado y reprimido a lo largo de tanto tiempo, existente hasta ese momento sólo en los sueños de Jorge y en los simulacros que resultaron ser las lectoras anteriores; la Chillona, la Marta, incluso yo.

Me sentí desplazada, y luego rabiosa. Es difícil explicar lo que sentía, porque por un lado me alegraba verlo más animado, pero a la misma vez estaba tan molesta que llegué a considerar decírselo a mamá, la pobre, que no se imaginaba lo que pasaba en el cuarto de mi hermano. No lo hice porque el asunto no parecía estar del todo resuelto. Después de todo, Jorge seguía durmiendo de una manera absurda.

Ella se llamaba Elena, y creo que era de ascendencia checoslovaca o húngara, lo cual le daba un aura exótica. Para colmo, acostumbraba vestirse con faldas largas y anchas, y llevaba el cabello muy largo y rizado, por lo cual se veía más extraña aún. Papá la encontraba antisocial; era demasiado callada y raras veces se sentaba a hablar con alguno de nosotros. Lo más que hacía era tomar café con mamá en la cocina cuando llegaba a visitar a Jorge. Conmigo hablaría quizás tres veces. Elena no era del agrado de papá ni del mío, aunque por distintas razones. En mi opinión, ella no hacía sino empeorar la situación de Jorge, pues lo enajenaba más de nosotros y ponía en peligro su progreso académico. Pero mamá la defendía, le había tomado cariño y nos repetía enfáticamente que cualquier cosa que hiciera feliz a su hijo era buena. Con el tiempo nos fuimos acostumbrando a la chica y ya casi la sentíamos parte de la familia, cuando un buen día desapareció. Nunca más supimos de ella, y eso que mamá intentó dar con su paradero. Incluso se atrevió a preguntarle a Jorge qué había pasado con ella. Jorge le dijo que no quería hablar de eso, que no era asunto suyo, y que me llamara, que necesitaba que lo ayudara a estudiar. Esto ocurrió aproximadamente para la época en que Jorge terminaba su bachillerato, y lo ayudé a estudiar para sus exámenes; se sentía tan bien asumir de nuevo ese papel. Una noche me dijo que mi voz era muy agradable, que no había nadie como yo. Y me pareció tan tierno y tan dulce que le eché los brazos al cuello y lo llené de besos. A la hora de la verdad, las novias-lectoras eran desechables. Yo no.

Finalmente mi hermano completó su bachillerato. Una tarde caliente, húmeda y pegajosa se llevó a cabo la graduación. Toda la familia asistió entusiasmada, menos Jorge, que hubiera preferido quedarse en cama. Entre Hugo, mamá y yo lo sacamos de la cama y lo metimos bajo la ducha fría. Hicimos caso omiso a sus protestas; ya que se graduaba magna cum laude la ocasión ameritaba su presencia. Papá contrató un fotógrafo, el cual tuvo que hacer milagros para poder bregar con un muchacho indiferente y una tropa de niños que pugnaban por retratarse con su hermano mayor, el sabiondo. Todavía a veces me topo con algunas de esas fotos cuando limpio el cuarto de Jorge, y siempre me río cuando veo la que le tomaron al recibir el diploma. En la foto aparecen el rector, con su legendaria calva y su sonrisa de anuncio de pasta de dientes; el decano de la facultad, un hombre insignificante que parece un ratoncito; y Jorge, un imponente bostezo partiendo en dos su rostro. Ninguna foto es más representativa de esa fecha. Estoy segura de que él ni se dio cuenta de que lo habían retratado. Quién sabe lo que estaba pensando mi hermano en esos momentos.

Papá estuvo muy molesto con Jorge por mucho tiempo a partir de ese día, porque después de la graduación éste se acostó para no volver a levantarse. Nunca se ocupó de buscar trabajo, y papá se lo resentía muchísimo. Él y mamá sostenían largas y agitadísimas discusiones todas las mañanas, papá acusando a Jorge de vividor y aprovechado. Mamá lloraba en cantidad y le pedía que entendiése al pobre muchacho, que tuviese piedad por él que a lo mejor estaba enfermo. "¡Qué enfermo ni qué carajo! Lo que pasa es que tú no supiste meterle verguenza. A ese mequetrefe hay que darle dos o tres pescozones para que aprenda a respetar." Entonces mamá se enojaba y decía que la culpa no era suya solamente y que no se atreviera a levantarlo o se las vería con ella. "El pobre muchacho seguramente está traumatizado por algo." Papá se sentía culpable, aunque nunca quiso admitirlo. Desde entonces fue mucho más severo con los demás. No nos perdía ni pie ni pisada, tratando de evitar que la historia se repitiera, sin darse cuenta de que no iba a repetirse, papá, Jorge es Jorge, nosotros somos diferentes. De hecho, hubo un tiempo en que se puso histérico con Teresita, pues ella hizo el hábito de acostarse a dormir la siesta todas las tardes después de llegar del trabajo, pero fue algo pasajero.

A medida que pasaron los años, mis padres se cansaron de pelear y terminaron por aceptar las cosas tal cual eran. Una vez, a instancias de tía Pepa, trajeron un psicólogo a casa. El hombre le hizo preguntas a Jorge: qué buscaba, si veía algo mientras dormía, si buscaba algo o simplemente lo esperaba. Luego se sentó en el sofá de la sala y empezó una larga disertación sobre Jorge. No recuerdo qué decía ni lo entendí bien en aquel momento, pues me sonaba tan enredado como los libros de Jorge. Volvió a mencionar puertas y persecuciones. Habló de espejos, lenguaje, castración y hasta de urnas. Qué quería decir, no lo sé. Lo que sí recuerdo es que para él Jorge era una persona dotada de una sensibilidad muy especial, con unas preocupaciones que se elevaban muy por encima de lo mundano. Mamá lloraba y miraba a papá como reprochando su inconsciencia. Papá, por su parte, fulminaba a Pepa con una de esas miradas que matan; cómo se había atrevido la vieja urraca a llevar semejante charlatán a ver a Jorge. Ella, a su vez, contemplaba al conferenciante con los ojos de admiración total. A mí me pareció muy gracioso el tipo, que según supe luego no era psicólogo sino profesor de literatura hispanoamericana y escritor a medio tiempo, que veía en mi hermano grandes posibilidades de explotación literaria. Al saberlo papá se puso tan furioso que los botó de la casa y juró que de ahí en adelante Pepa no pondría un pie en la casa. Y cumplió con su palabra, a pesar de mamá. Desde entonces sólo supimos de tía Pepa por cartas. Un par de años más tarde, cuando murió, asistimos al funeral. Papá suavizó su coraje en ese momento y nos acompañó. Mamá no fue, a pesar de que la muerta era su hermana. Alguien tenía que quedarse y cuidar de Jorge.

Poco a poco los demás hijos estudiamos y nos fuimos graduando. Mis hermanos se casaron y se mudaron lejos de su antigua casa, la casa que encerraba a su hermano el dormilón. Ninguno lo echó de menos. Después de todo, no habían llegado a conocerlo bien. Pero yo me quedé en casa por fidelidad a mi hermano. El Ícaro vencido, así lo bautizó aquel amigo de tía Pepa. De todas las frases que dijo, fue la única que me llamó la atención, y me pareció tan hermosa y como de poesía; me refugié en ella secretamente, y la recordaba cada vez que alguien venía a "discutir" la situación de Jorge conmigo.

Sí, pasaron los años. Yo también fui a la universidad. Yo también me casé. Así de simple, mi vida resumida en tres oraciones. Nada grandioso, nada fuera de lo común, sólo una mujer casada que se dedica a cuidar a un enfermo. Jorge, en cambio, quién sabe qué vida maravillosa tendrías, en qué pensabas, a qué búsqueda te dedicabas mientras yo te atendía, mientras cambiaba a diario las sábanas de tu cama, mientras te bañaba como a un bebé, viendo tu cuerpo hermoso pero inerte, y luego te vestía, siempre con mucho esfuerzo; mientras te daba de comer purés, porque ni por masticar te esforzabas, mientras te leía esos estúpidos libros que nunca entendí y que tampoco sabía cómo llegaban a casa, mientras yo tenía que defenderte de los demás porque tú nunca darías la cara, mientras yo te...

Basta. ¿Qué saco con esto? Si no sé realmente nada de tu vida. Mejor sigo en mi relato. Nada de exabruptos impertinentes.

Me casé, era casi un deber, pero me quedé en casa. A mi esposo no le gustaba nada la idea de vivir con sus suegros. Le parecía que podían estorbarnos, que se inmiscuirían en nuestras vidas. Por más que protestó, tuvo que aceptar mis condiciones o no me casaba, y además, papá y mamá habían dejado de discutir hacía tiempo y no se metían con nosotros. Era rara la vez que se escuchaban sus voces por los pasillos adyacentes al sueño de mi hermano.

Ocho años después de mi boda murió mamá, y Jorge perdió a su cuidadora a tiempo completo. Entonces tomé su lugar, me adueñé de la casa y de la rutina de Jorge. Mi marido se opuso a que dejara el trabajo, pero al cabo del tiempo lo aceptó. Papá sufrió mucho la muerte de mamá, a pesar de que no renunció a su silencio de piedra. Lo sé porque desde entonces languideció. Por las tardes se sentaba en el balcón a leer los periódicos y yo podía, a veces, ver la angustia que se escurría a través de su rostro indiferente, la pena que se ocultaba tras sus pupilas de niño desorientado. No pudo resistirse por mucho tiempo. Al cabo de seis meses fue a reunirse con mamá. Algo de Jorge se fue con ellos.

Con mi marido no hablaba nunca de Jorge. A decir verdad, hacía mucho antes que había dejado de hablarse de mi hermano en casa. Para mi padre Jorge había dejado de existir desde que terminó la Universidad. Mamá y yo, por otro lado, jamás intercambiamos impresiones sobre el cuido de mi hermano, nuestro oficio compartido. Creo que había algo de celos en la actitud de mamá. O de parte y parte. Mis horas con Jorge fueron

160

articulándose en un silencio gigantesco que terminó por opacar el resto de mi vida cotidiana. Todas las noches me sentaba junto a su lecho a leerle. A veces me detenía a media página y prestaba atención a las cosas que decía dormido, comentarios sobre viejas lecturas, opiniones políticas, o cualquier idea que le viniese a la mente. Muchas veces eran las únicas palabras que escuchaba al día.

Amaba a mi hermano con un amor hecho de tristeza y añoranza, como se ama a aquellos que nos resultan inaccesibles. A pesar de su distanciamiento aparente, sin embargo, me parecía que Jorge sentía mi presencia y se unía a mí. Sus disquisiciones ocurrían por las tardes, cuando estábamos solos. Ni a mi marido, ni a nuestros hermanos le hablaba. Me llenaba de emoción que sólo me hablase a mí. Mi hermano sentía ternura, por más que los demás lo condenaran a la inconsciencia. Jorge no era un guiñapo, no estaba muerto.

Mi marido nunca pudo entender mi comunión con Jorge. Decía que perdía el tiempo. Me recriminaba las horas que le arrebataba a nuestra relación. No quiso comprenderme. Nunca llegó a mí, y terminó marchándose de lo que consideraba una casa maldita por el hastío de un vegetal, por el egoísmo de un inútil. Pasaron muchos años antes de ese momento, lo reconozco. Y mi marido hizo muchos intentos por alcanzarme. Pero no lo logró, quizás en parte por culpa mía. No logró comprenderme porque no quiso acercarse a Jorge desnudo de prejuicios y rencores. Sentía desprecio por él, o le tenía lástima, que era lo mismo o peor. Lo único que recuerdo de mi marido es la expresión de su rostro la mañana que se marchó para no volver. Había dejado una nota explicando sus razones, pero no quise leerla; no había nada que aclarar. Él había escogido. Se atrevió a forzar una decisión mía. Y yo decidí. Él sabía a qué atenerse. El asunto estaba acabado. Ya las palabras se habían agotado entre ambos. Poco me importó su partida, él no me resultaba indispensable. Lo único que hizo fue reafirmar mi vehemencia en Jorge. Jorge, que fue el único que me acompañó desde entonces. Poco a poco aprendí su lenguaje y profundicé en sus ideas. Estábamos por fin solos, mutuamente solos. Ahora Jorge hablaba a todas horas, sobre cualquier tema. Callaba únicamente aquellas raras ocasiones en que recibíamos visita de nuestros hermanos.

Hermoso ritual de confraternización, el nuestro. Todas las tardes, a la misma hora, me sentaba a conversar con Jorge. Le contaba las pequeñas minucias del día, aquellos aspectos del mundo cotidiano a los cuales él no tenía acceso. Yo no era quién para manchar de banalidad su letargo, pero lo cierto era que también yo necesitaba expresarme, y lo menos que podía hacer Jorge era escucharme. También era mi manera de agradecer su compañía, de acceder a su mundo ciego. En ocasiones parecía como si él tuviese una urgencia muy grande por cerrar la brecha entre nosotros, pues empezaba a hablar sin que yo terminase mis humildes cuentos de supermercados y oficinas de gobierno. Pobrecito, quizás lo abrumaba. Entonces sonreía, callaba y lo escuchaba. Pero como podía estar hablando días enteros, al cabo de un rato me levantaba y seguía con mis tareas. Me costaba un poco de trabajo alejarme de su lecho, pero luego seguía haciendo lo que tenía que hacer muy tranquilamente. Lo que hacía entonces era dejar su puerta abierta, así podía escuchar su monólogo mientras cocinaba.

Jorge hablaba para mí, de eso estoy segura. Pero nunca me respondía cuando le hablaba. ¿Por qué tendría que hacerlo?

Lo hermoso de su sueño a lo largo de todos estos años es que le otorgaba cierta magia eternamente juvenil a su cuerpo. Su rostro también conservaba la misma frescura de sus tiempos de vigilia. Me esmeraba en mantenerlo limpio y perfumado, para que viesen que mi esfuerzo daba fruto. Jorge era el mayor de nosotros y sin embargo parecía nuestro nieto. Por supuesto, tanto dormir era lo que lo conservaba así, pero yo lo ayudaba. Porque, ¿y si yo no estuviese allí, cómo se vería Jorge?.

A diferencia de él, yo sí sufrí el paso de los años, que agrietó mi piel y encorvó mi espalda. Perdí agilidad y fuerza, cada vez se me dificultaba más hacer ciertas tareas, incluso mi memoria se afectó. Empecé a encontrar la puerta de la casa abierta por las mañanas, cuando podía jurar que la había trancado la noche anterior. Una vez encontré a Jorge desnudo y sin arropar, y no pude perdonarme el olvido.

Un día desperté de mi siesta para descubrir que no podía bajarme de la cama. Todo me dolía: la artritis, el peso de tanta soledad vivida, el remordimiento de mi matrimonio fracasado y sin fruto, la lejanía de mis familiares. De repente me di cuenta de que ya era hora de que a mí me cuidasen. ¿Y qué hacer con Jorge, si nadie lo conoce como yo, quién podría encargarse de él?

A pesar del dolor, traté de levantarme. Jorge me esperaba, era la hora que yo leía para él. Si no llegaba a tiempo se sentiría desorientado. ¡Maldición! Por más que lo intentaba, no lograba despegarme del lecho. Me llené de rabia; no podía fallarle de esa manera, no a él. Lloré mi impotencia, quedándome en cama varias horas.

Luego hubo un momento en que sentí pasos por la casa. ¡Qué suerte! Han de ser Teresa o Hugo, ellos me ayudarán a levantarme. Pero van a preocuparse. Tengo que calmarlos, asegurarles que no es nada grave, lo que pasa es que anoche me acosté tarde hirviendo las viandas para el puré de Jorgito, no, no se apuren. Pero si ya estoy bien, es un comienzo de artritis solamente. No, no llevo mucho rato así, sólo lo suficiente, esténse tranquilos. ¿Pero por qué no llegan, si hace rato escuché sus pasos?

Al cabo de un rato se abre la puerta por fin, pero no reconozco la figura que me observa desde el umbral. Mi cuarto está en penumbras y mi vista me falla. ¿Pero eres tú? Ayúdame, por favor, no me mires así, por favor, entiéndeme, ayúdame, no puedo decirte nada, de mi boca no salen palabras, sólo mira mis ojos y entenderás todo, ayúdame. No, no me mires así, no hagas que me avergüence de este cuerpo carcomido y feo, inútil. Acércate, sí, así mismo, ven ayúdame, ¡maldición!, ayúdame a levantarme de esta cama, sí, tengo fuerzas todavía, podemos empezar de nuevo, si quieres, amor.

Jorge me sonríe desde el umbral de la puerta. Y me dice suavemente, en su antigua voz despierta: "No te preocupes, hermanita. Ya no necesito que leas para mí". Entonces da media vuelta y se va, cerrando la puerta a sus espaldas.

octubre 1991

Joséliboy Erba

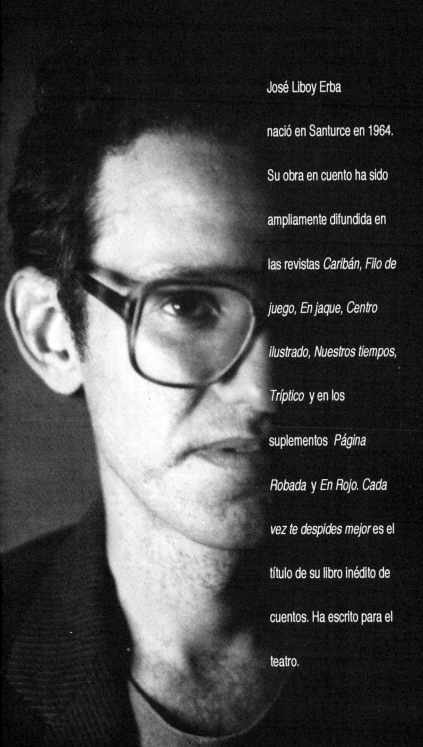

José Liboy Erba

nació en Santurce en 1964.

Su obra en cuento ha sido

ampliamente difundida en

las revistas *Caribán*, *Filo de*

*juego*, *En jaque*, *Centro*

*ilustrado*, *Nuestros tiempos*,

*Tríptico* y en los

suplementos *Página*

*Robada* y *En Rojo*. *Cada*

*vez te despides mejor* es el

título de su libro inédito de

cuentos. Ha escrito para el

teatro.

# Manos de la reina

La estatua de la reina Isabel tenía un chiste oculto en las manos y la mirada perdida en dirección de la Cordillera Central. Los edificios copiosos ocultaban un hecho que tardaría mucho tiempo en descubrir. La estatua estaba justo en el cruce del camino real que sube, tranquilamente, hasta la altura de Caguanas. Siempre que nos parábamos en Arecibo, mi papá hacía un chiste sobre las manos de la reina. Pero si trato de recordar el chiste, encuentro un extraño vacío dentro de mi cabeza. Quizá tenga que tener un hijo, hacerlo pasar por aquí, para que me salte su recuerdo. Si le pregunto a mi papá por ese chiste, tampoco lo recuerda. Es como si la contemplación de la equívoca efigie lo engendrara. Las manos de la reina eran desmesuradas y venosas como las de un hombre, haciendo un contraste marcado con todo lo demás, que era lo propio de una reina. El talle esbelto y gracioso, los hombros un poco caídos, la mirada soñadora.

Estaba parado frente a la estatua. Era martes y estaba escapando, eso lo notaba todo el mundo. No había hecho nada grave, pero ése era el problema. Llevaba varias semanas soportando la gente extraña, locos de variada especie que mi esposa reunía en la sala del apartamento, oficiando sus cultos horribles. El hijo de un banquero, metido a artista africano, aparecía acompañado por una turba de energúmenos y degenerados. Mi esposa no fumaba marihuana, pero los invitaba a fumar en mi casa. En mi familia existían claros precedentes que me confirmaban la mala sangre de lo que mi mujer hacía. Se reunían en la sala toda la noche, encendían una máquina de grabar y se pasaban la noche hablando de sexo. La magia negra no era la misma que hacía treinta años, pero surtía los mismos efectos.  Mi abuela había matado a mi abuelo, cuando abandonó el ejercicio de las hierbas (la magia buena de la montaña) y se dedicó a las imágenes.  Mi esposa había abandonado la actuación (era una excelente actriz lírica) y ahora se dedicaba de lleno a deambular con la gente mala de Santa Rita.  Yo estaba tan débil que no podía hacer nada por evitarlo.  Me quedaba acostado horas, sin poder mover los brazos y las piernas, como le sucediera a la mayoría de los hombres de mi familia.

Últimamente, mi esposa se estaba juntando con una rubia antimatérica, que se describía a sí misma como pintora.  Pero algo que brotaba de mi carne me decía que la tipa era algo más.  Vivía como una extraña vestal, acompañada por una suerte de lacayo que dormía a su lado sin tocarla.  Mucho tiempo después de haberme separado de mi esposa, esa mujer se me acercó para decirme que tenía el diablo en la mirada.  No estábamos entrenados en religión alguna, vivíamos sin conocimiento, pero teníamos disciplina.  Y resulta extraño decirlo y hasta un poco demencial de mi parte, pero las pintoras siempre están detrás de mí, regañándome todo el tiempo.  Yo había escrito un poemita sobre el talento de mi esposa, donde afirmaba una serie de eventos que suelen suceder cuando una actriz se desnuda.  Por azar mencionaba que cuando una actriz se desnuda, todas las pintoras que se llaman Olga (aludiendo, inocentemente, a una pintora amiga mía), tienen una bañera blanca.  Sucede que la primera vez que conocí a Olguita, por razones que todavía no entiendo, imaginé que tenía un apartamento en Villa Panty, donde había una gran bañera blanca.  Y unos años después, cuando Olga regresó de la ciudad de Nueva York, me paró en una calle, pidiéndome cuentas por el poema.  La hermana de Olga se había tomado la molestia de llamarla, preguntándole si yo me entendí con ella, pues en efecto, el apartamento que Olga tenía en Nueva York tenía una bañera blanca.  La coincidencia en sí no es demasiado extraña, pero la actitud de Olga sí lo fue. Estaba verdaderamente molesta conmigo.  Recuerdo que llegué a preguntarle si el poema le había gustado y ella me contestó que no tenía manera de saberlo, abriendo mucho los ojos.

Durante los últimos días con mi esposa, la pintora rubia le sugirió intercambiar de vestimentas.  Mi esposa no sabía lo que le estaban haciendo y accedió inocentemente.  Lo sospechaba de alguna manera y cada vez que aquella le proponía esas cosas, ella venía a mi cama, donde yo estaba acostado sin fuerzas, para decirme lo que planeaban. Yo estaba cansado de decirle que esa gente era mala, pero como el asunto no era visible para nuestros ojos, ella acabó por hacer cuanto le dijeron que hiciera. La estaban usando porque sabían que yo la amaba mucho y no me atrevería a hacerle nada. Y si no me cuido, seguramente me hubieran matado. Entre otras cosas, por eso me encontraba aquel martes, parado frente a la estatua de la reina.

El hermano del artista africano se había presentado en mi trabajo para advertirme la cosa que me estaban haciendo. El tipo era químico de profesión, formado en la tradición científica, pero aún quedaba algo de sensibilidad en su cuerpo, cuando menos lo suficiente para saber que había mucha gente haciéndome algo. Yo mismo era muy escéptico en relación a esos asuntos, pero sucedió algo que me dio todo en las manos. Mientras el tipo hablaba conmigo, mi esposa apareció de pronto. Tan pronto lo vio, reaccionó de la manera más dolorosa que me ha sido dado presenciar. Sin transición alguna me hizo una seña ofensiva con el dedo (más bien fue alguien que no era ella), empezó a proferir obscenidades y se fue corriendo. Para mí fue más que suficiente y esa misma tarde, sin que mediaran escrúpulos de ninguna clase, dejé mi puesto de trabajo y comencé mi breve peregrinaje. Tan convencidos, tan seguros estaban de que no regresaría, que me cesantearon del trabajo inmediatamente. Hasta ese día había vivido ciego y sordo al desprecio mortal que me rodeaba. Antes solía atribuir dicho desprecio al modo en que me conducía. Y había tratado de conducirme como los otros se conducían, pero aún así seguían despreciándome. Ahora conozco algo mejor las motivaciones de dicho desprecio y sé que la mueca del odio, irreductiblemente, seguirá rondándome hasta que muera.

1991

# ANTES DE NAYDA

*

Antes de descansar, Nayda y yo nos poníamos a conversar. Ella venía cansada del trabajo y cabía esperar algo verdaderamente horrible. Una crueldad cualquiera que me hiciera un verdadero boquete. Esta vez nos encontrábamos en un abrazo. Ella sencillamente me dijo que no le gustaba la sonrisa que tenía mi cara. La cara simplemente se me cayó al piso. Pero no dejé de sonreír. Simplemente la solté y me quedé sonreído. Me quedé como trastabilleando. Ahora parecía un caballo perdido. Ya no estaba con ella. Mi espíritu se había ido de inmediato. Físicamente, sentía que la cara se me había roto en dos perfectas mitades.

–Te corté–dijo ella. –Te corté. Te corté.

Yo me encontraba como alguien que se trata de incorporar y no puede hacerlo. No recuerdo mayor desamparo que ese. Me trataba de levantar del suelo, sin dejar de sonreír un solo instante. Como agonía, era algo muy cómico. Ella misma nunca se enteró del daño que me infligía. Pues cuando una persona se entera del peligro en el que me ha puesto, se quiere entregar enseguida y no es entrega lo que yo pido. Supe que yo siempre agonizaría solo. La gente nunca se enteraba de mis sufrimientos. Era terriblemente cómico verme en esa situación. Sonriendo siempre, pero tratando de levantarme. Ella siguió insistiendo en ello.

–Te corté–decía. –Yo sé que te corté. No me lo niegues ahora.

Yo empecé a moverme de un lado a otro de la casa con el dolor de la cara partida en dos. Era un momento bien triste. Así terminaban muchos amores. Nadie se daba por enterado. Ella simplemente seguía peinándose, como si yo no estuviera allí. Era como decir que si el amor se había ido, yo no importaba. Yo era en el fondo un desconocido. Pues nunca me había querido adueñar de ella. Si dejaba de quererla ahí mismo, sencillamente me omitía. Podía hacer eso precisamente porque yo no era posesivo.

Me salí afuera de la casa y me asomé al balcón. Si aquel sitio no hubiera sido un segundo piso, mi cuerpo se habría salido del lugar para siempre. Yo estaba como un animal buscando agua de manantial. En ocasiones anteriores me había marchado así. Era el momento perfecto para abandonar el amor. Si me hubiera ido, conseguía pon enseguida en las carreteras. Yo podía vivir de cualquier manera. Con ella o sin ella. Ella también podía vivir sin mí.

−Yo sé que te corté−dijo. −Yo sé que lo hice.

−Tu eres la que pierdes−le dije. −Yo soy un ser completamente gratuito. Me han encomendado a ti. Pues por lo que a mi respecta, hace tiempo que vivo como un deshauciado. Yo puedo vivir sesenta años más, como si me quedaran tres años de vida. Midiéndome con lo eterno, es demasiado poquito este tiempo. Me has hecho un día más viejo. Eso es todo.

Obviamente, no le dije toda esta parrafada. Pero con los colores mates de esas palabras, estaban pintadas las cosas, cuando salí al balcón. Color de un día menos, color del día que me dejaba. Mate y cómico, otro atardecer agónico. Elusivo fin de mundo, coqueto, majestuoso y atractivo apocalipsis. No demasiado verdadero. Un día menos de mi vida.

Si el candado no hubiera estado puesto, mi cuerpo se salía de allí. Como había perdido todo dominio de sí mismo en aquel instante, habría podido llegar a cualquier parte donde hubiese agua fresca y olvido. Pero precisamente por eso, el candado estaba puesto. Porque podía renacer en cualquier parte. Cualquier sitio era una barra de ahora en adelante y si entraba a la casa de nuevo, la mujer que me estaba deparada sería una completa desconocida. Cuando yo era un caballero voluntarioso, llevaba los designios de mi cuerpo a lo más extremado, buscándole un sentido imaginario y metafórico a la existencia. Ahora no hacía falta colocar mi cuerpo en la imagen correcta. No tenía que meterme en una barra de mala muerte, para que fuera patente que estaba en la calle. Ahora podía estar dentro de un techo. La intemperie del abandono estaba en todas partes.

De manera que entré a la casa de nuevo, completamente vencido por el cansancio, como si hubiera caminado kilómetros. Me senté en la sala de las sillas medievales.

La mujer que salió del baño era una desconocida. Vino a la sala de las sillas medievales como si fuera un sagrado, distante aunque cálido bartender. Ella tampoco conocía con certeza al hombre que apareció. Simplemente lo encontró de lo más atractivo. Aquel sitio no era una casa ya. Era viernes por la noche. Estábamos en la calle. Todo era emocionante y la buena noche comenzaba.

Miré el rostro de la desconocida. Era un nuevo empezar a conocerse, pero desde otro ángulo. Un callejero en el sitio de consuelo. Un caballero entrando a una capilla. Hundí mi cabeza en ella y estuve llorando un largo rato en su pecho y ella me consolaba de lo que la otra me había hecho. Pero yo no podía parar de llorar. Me estaba ahogando. Fue algo tan fuerte que ella pegó un brinco y cayó unos pasos atrás, juntando las manos de una extraña manera devocional, aunque de una manera firme y marcial, como de guerrero japonés. Ahora todo tenía que empezar de nuevo.

Al otro día amaneció todo muy hermoso. Ella puso a cocinar dos huevos en una cacerola de cristal. Era un discreto homenaje. Yo logré que los dos huevos bailaran bobamente o que brincaran juntos como pollitos contentos en el agua caliente, para mostrar mi agradecimiento. Era extremadamente cómico aquel acontecimiento. Era como decir que mi hombría era una cosa que agonizaba, aunque no había que darle tanta importancia al evento. Ella nunca me vería morir. Siempre estaría en su vida como un comenzar.

Pero la otra estaba por regresar. La que me amaba quiso advertírmelo. Me pidió que hiciera algo en lo que ella sufría la transformación. Ya yo sabía que esto era algo inevitable con lo que debía lidiar. No sólo éramos diferentes entonces, sino que incluso nos podíamos considerar enemigos, en el mundo habitual. La que me quería me advirtió eso y esta vez no estuve vulnerable. Salí a caminar por el lugar y regresé fumando. La otra odiaba profundamente al caminante. Tanto que ni siquiera me quiso llevar a mi casa y me dejó en la autopista. Pero en la medida en que esa quería eliminarme, la otra se haría más fuerte. Yo me detuve, mientras caminaba, frente al riachuelo contaminado. Luego caminé hasta mi casa y en el camino, un señor que estaba lavando su carro, me dio los buenos días con muchísimo, muchísimo cariño. Por la tarde caminé bajo un cielo azul y no había una sola nube. Increíblemente, ni una sola nube y supe que había avanzado un paso más, pacientemente, adentro, hacia la ciudad prohibida.

\*

Nayda y yo no tenemos orígenes. Cuando hablamos de nuestras vidas, no tenemos más remedio que desistir y besarnos o ver si en efecto los pancakes le están quedando como bizcocho. Un logro importantísimo fue que pudiera dormir a su lado sin despertarla. Fue algo que me propuse. Debí fumarme algunos cigarrillos y escuchar a Bill Evans. Amarla lo suficiente como para dominarme. Las parejas aparecen y las discutimos. Aquellos se la pasan besándose, estos otros le han dedicado todo al niño y no tienen vida. El amor nos visitó rápido, confundido, desordenado, como un marino mercante que desea algo indefinido. Yo he tenido que cuidarme más del marino. El amor me ha vuelto más estúpido. Nayda ha permanecido, dentro del fenómeno, en su lugar.

Mis afanes callejeros le ayudan a dormir. La ilusión riopedrense del trato equitativo, donde los mendigos son hermanos del dueño del cine. Las mujeres arrasadas por la vida. Y la lucha por domar los instintos. Ahora puedo hablar con las personas sin tanta sexualidad. Aunque no hay que quitarlo de mi vida: soy un sexual, soy un amante. Nayda me está enseñando a refinarme. Ahora estoy más atractivo, pero menos obsecado con las mujeres. Pues he visto que piden poco. Eso suele conmoverme ahora. Esa conmoción es muy excitante. Soy delicado en la intimidad. Muy obediente también. Hago exactamente lo que me piden. Hay algo conmovedor y bello dirigiéndome. Jamás provoco vicio. Tarde o temprano descubro lo que no se dice. Momento que no es la entrega. Nadie se entrega a nadie. Y se duerme tranquilo después.

Yo había visto un grabado de una mujer durmiendo sola en una cama con un camisón hasta la cintura. De ahí para abajo no tiene nada. Pero literalmente nada. Ni lo que ofrece es tanto en realidad. Sencillamente todo. Que nunca es demasiado. Está de espaldas ofreciéndose entera. Nadie en las inmediaciones y ella ofrecida. Terrible. Completa soledad de mujer.

Cuando una mujer hace algo así, el deseo por ella es lindo y simple. Ofrecerlo todo no es entregar. Yo descubrí que nunca seré posesivo como amante. Pues me lo han entregado todo y no lo he tomado. Qué confianza me daba. Pues yo no lo pido todo. El ofrecimiento me volvió alguien honrado. Lo sentí de una manera conmovida, como un honor. Ella se atrevía a descubrir aquellas maravillas, dormilona. Aquello no era erótico. Y agónico tampoco. Aquello era amoroso. Yo podía mirar las nalgas suaves y tocarlas, como si fueran mejillas. Sentía ahora, menos que intranquilidad, una fuerte inclinación por cuidarla así mismo. Ella se podía quedar así. Yo podía relacionarme de una forma muy seria con ellas. Estaba perfectamente desnudo y parecía que estuviésemos de galas. Tomando el té a las seis y departiendo sobre un tema sin grandes consecuencias. Yo no sabía que mi cuerpo fuera tan decente. En realidad pedía poco también. Estar desnudo frente a otro cuerpo semidesnudo, sin avanzar ni retroceder. Entenderse en soledad, como cuerpo ante otro cuerpo. La melancolía de la separación en aquel instante de impase. ¿Cómo es que habiendo afinidad y cercanía, cómo es que siendo el mismo en otra parte, estamos relacionándonos ahora, como irreductibles soledades? Y ese hecho conmovedor me llenaba de ternura. El placer delicado y terso. Luego pude dormir como un lirón.

*

Nayda me ha dicho que no quisiera ver lo nuestro convertido en una aventura. Yo me he ajustado para que no parezca una aventura, pero es una aventura. En realidad lo que ella no quiere es verla terminar. Lo nuestro terminará. Es un comienzo constante. Mi única certeza es que no dejará de ser una aventura. Yo estoy seguro de mi querer. Parece algo siempre improbable, algo que no ofrece garantías. Pero quizá por eso mismo, resiste los mayores peligros, que son delicados. Anoche me derramé en ella y podía sentir su perplejidad. La oscura nubecita estuvo sobre nosotros. Ella empezó a sentir esa humedad. Yo combatí mi cansancio y ella podía sentir la guerra que libraba.

Yo suelo llamar ese momento el instante del arca. Ahí el cuerpo de uno se vuelve muchos animales. Uno es tigre suave y sigiloso, ave del cansancio. Todos los animales entran al arca para ocultar el cansancio del hombre. Yo dejaba que el abrazo nos volviera diferentes parejas de animales que participaban. Nayda los miraba tranquila, entrando donde, instante previo, el hombre había desaparecido. Mi cuerpo era muchos animales distintos, hermosos, nombrados por un espantoso vencimiento. Ella estaba en la puerta del arca diciendo cuanto me quería. Pero el hombre ya no salía. Los animales seguían entrando lacónicamente. Caricias de diferentes animales de lujo. El amor me permitía proyectar esa película intrincada y languideciente. Jamás salir de mi aposento, no tratar de forzarle mi tranquilidad. Que los mismos animales la fueran durmiendo. Finalmente se pudo hacer. Pudo dormir y soñar junto a mí. Pudo descansar perfectamente. Ella estaba contenta por eso. Mis placeres no le quitaban el sueño, ni la cansaban. Soy un delicado amante. No dejo nada oscuro en el cuerpo ajeno. Y al despertar, no ha sucedido nada. Todo empieza a nacer de nuevo por la mañana. Podemos vivir juntos.

Por la mañana, ella no comentó nada, pero puso a hervir un par de huevitos en una cacerola de cristal. Y era muy cómico, irresistiblemente cómico, mirar esos dos huevitos desde la mesa, danzando en agua caliente, contentos. Era un discretísimo homenaje. Yo le dije que un amigo mío había pintado dos grandes huevos que llamó los Primordiales. Nos coqueteábamos como si acabáramos de conocernos. Después ella los peló y nos los comimos tranquilamente. Yo la miraba de espaldas, atendiendo todo. Me gustaron tanto sus nalgas pensativas.

Cuando ella apagó el fuego de la cacerola cristalina, cada huevo se fue a su esquina. Cuando hervían, danzaban los dos y muy juntitos, pero con una danza bobísima, como pollitos dando brincos. Ese era el efecto principal de mi existencia en su vida. Yo volvía cómicas y livianas las cosas. Ella nunca había soñado con esa animación. No sabía que las cosas fueran capaces de una armonía tan simple. Yo estaba empezando, con delicado silencio, a habitar en aquella casita. Mi propia virilidad, que podría ser un problema, estaba volviéndose una tontería, un hecho natural de la vida.

Ella pudo ver lo que era mi hombría, su manera elusiva y precaria, cuando vio la contentura de los huevitos bailando en el agua. Yo era en vida un cine silente. Ella no tenía más que abrir los ojos, para mantenerse en un estado de constante hilaridad. Pues eso era yo. La disciplina de mi cuerpo era la de los cómicos. La vida había convertido mi naturaleza marcial en algo que daba mucha gracia. Yo mismo nunca supe cómo alcancé esa disciplina. Más o menos le explicaba que caminar era parte decisiva de mi disciplina. Caminar era algo que yo hacía todos los días.

También creo haberle dicho que mi caminar se había vuelto distinto desde que nos queríamos. Antes daba largas zancadas de caballo o pasitos de caballo de paso fino. Ahora era un caminar más pausado, que cuidaba a quien anda junto a mí. Las personas sentían que podían hacer cosas cuando se encontraban andando conmigo. Yo podía llevar un viejo poeta marxista a hacer compras en un supermercado. Mi andar ahora daba mucha libertad, pero yo tenía cada vez menos conciencia visual de lo que sucedía. Si me quedaba quieto, las cosas se animaban.

El baile de los huevitos fue como decirle que yo no daba tanta importancia al hecho de ejercitar mi hombría. Yo buscaba algo liviano en ella. Me gustaba más que ella fuera una desconocida. No teníamos que hacer nada. No estábamos obligados a nada. La vida funcionaba sola, sin significado o sentido, sin mundo conocido. Ahora ella se estaba sintiendo en esa libertad. Me podía pedir cualquier cosa. Se estaba dando cuenta de que ella era quien único podía manejar estas animaciones. Y estaba aprendiendo a hacerlo.

Por ejemplo, me pidió que hiciera algo mientras ella empezaba a vestirse. Yo salí a caminar por el vecindario y me conseguí unos cigarrillos. Cuando volví, ella era otra persona, disciplinada para otra actividad. Eso era parte de ella también y yo adoraba eso tanto como lo demás. Yo le decía que ella me gustaba en todo momento. Todo lo que hacía, en todo momento, me resultaba adorable. Todo era natural en lo que ella hacía, inclusive su trabajo. Nada era tan verdadero, todo era verdad. Ella era mi verdad.

Ya no tenía que hacer nada por costumbre. Si no le gustaba

hacer esto, sencillamente no había que hacerlo. Nada estaba haciéndose por deber, sino por simple gratuidad. Sentir responsabilidades inclusive, un lujo que se daba. Trabajar, un privilegio. No todo el mundo tenía ese privilegio. Y por lo mismo, era un acto de violencia decir que alguien no trabajaba, pues simplemente, no todo el mundo conseguía hacerlo, como ella lo hacía, sin entregar el alma. Ser violento es entregar un flanco. Cuando ella era violenta, yo eludía esa entrega. Era como decirle que ella no era mía. Y como no era mía, ¿por qué sentirme aludido? Sencillamente me daban ganas de llorar. Yo no aceptaba responsabilidades ni cosas de la gente que no pudiera ejercer con gracia. Yo no manejaba la violencia ajena, sino la mía. Mi violencia se había vuelto un asunto muy cómico.

Diego Deni

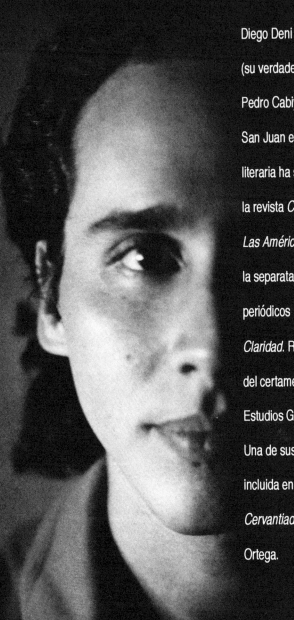

Diego Deni (su verdadero nombre es Pedro Cabiya Ortiz) nació en San Juan en 1971. Su obra literaria ha sido publicada en la revista *Calibán*, *Casa de Las Américas*, revista *Cupey*, la separata *Aire* y los periódicos *Piso 13* y *Claridad*. Recibió el premio del certamen literario de Estudios Generales (U.P.R). Una de sus obras fue incluida en la antología *La Cervantiada* a cargo de Julio Ortega.

# Miopía

Desde el primer momento la única preocupación que lo asaltó fue la dificultad que tendría para localizar a Leida en el tumulto de entrada. La idea de permanecer solo el tiempo impreciso que le tomaría encontrar las formas de Leida, los rizos negros y espesos de Leida, la tersa voz de Leida confundida en aquel bullicio de infierno, le resultó insoportable. Después de caminar varios minutos entre cuerpos desdibujados comprendió que era imposible distinguirla en la oscuridad creciente, sin sus lentes, y que la técnica de acercarse para identificar mejor estaba llamando la atención de manera incómoda. En todo caso quizá él llegaba tarde, aunque era inaudito que a las siete hubiera tanta gente queriendo entrar, o tal vez era ella la que no llegaba, algo que ciertamente no mejoraba la situación. De todas formas tenía que entrar, no era cosa tampoco de quedarse sin asiento, cederle el asiento a cualquier rizo, cualquier forma. Entró formando parte de una masa compacta de personas desconocidas, pero no fue sino hasta que llegó al pasillo central que se dio cuenta que llevaba colgando el terrible peso de no conocer a nadie, la terrible orfandad de sentirse solo en medio de cientos de personas extrañas. La parte de enfrente estaba totalmente ocupada. Se colocó en medio del pasillo central alargando el cuello con la esperanza de avistar a Leida sentada hace tanto en las filas del medio, Leida enojada reservándole un asiento a su lado. Caminó hasta el borde del escenario y subió, con el propósito de que lo viera si era que estaba sentada en la parte inferior. Repitió la operación tres veces, cada vez más renuente a las miradas de curiosidad de los asistentes que lo veían pasar una y otra vez. La repitió en el pasillo derecho y en el izquierdo, y ninguna voz lo llamó, ningún "¡Aquí!" lo fue a rescatar de la vergüenza de caminar escudriñando rostros. Y entonces el ahogo sordo que se amontona en el pecho y que es un principio de llanto; pero el llanto no tiene manera de manifestarse de tan lejos que yace enterrado, muy cerca de la pataleta de un niño o de una paliza. Más curiosa era la sensación de tener atada una piedra enorme en las clavículas, un mareo de náuseas al caminar en la atmósfera del teatro viciada de voces y silbos, un delirio ajeno a él, tan solo y buscando. Encontró un asiento en la fila del centro y se ocultó cómodamente en el examen de los arabescos dorados que enmarcaban el ámbito del escenario. Se hundió con una especie de fervor religioso en el estudio de los diseños a modo de disfrazar su soledad con una soledad propicia y se acomodó con un placer muy parecido a la resignación en la ancha curvatura del respaldo. Así hubiera podido escapar de la algarabía, sumiéndose en la insignificancia del anonimato, replegándose cada vez más en el asiento, si no se hubiera levantado dos filas más adelante una negrura espesa muy parecida a Leida. Se levantaba para dar paso a un hombre alto vestido casualmente que llevaba unos lentes pequeños y redondos, trabajados en un acero brillante y aparentemente ligero (creyó también reconocer un saco estival, pero no era seguro). Era tan parecida a Leida que era casi Leida, Leida de lejos, imposible de distinguir con claridad bajo la penumbra insidiosa de la sala. Estaba allí, de pie, esperando que el hombre se acomodara. El hombre notó el asiento vacío que había a su lado y le habló mirándola fijamente. Ella lo observó, con un detenimiento insano, y le señaló el asiento después de una vacilación que duró segundos. Él la miró despacio junto al hombre, buceando en el vaporizo de la imagen blanquísima tan semejante a la piel de Leida. Antes de sentarse la mujer recorrió la sala con la vista y tropezó con sus ojos que la reclamaban para el reconocimiento final. Ella apartó la vista lentamente, restando importancia a alguien que no conocía, barriéndolo con los ojos como si no hubiera estado en sus planes mirarlo de la forma en que lo hizo. Él descuidó los arabescos y se concentró arduamente en el cabello largo y espeso como terciopelo mojado, en el mentón que se volteaba a veces para decir algo al hombre como una efigie lisa como el ónice. Después de varios minutos abandonó la tarea y se dedicó a guardar la entrada por si aparecía la verdadera Leida, Leida tan extrañamente tarde esa noche, Leida como esperanza o tabla de salvación entrando triunfal por las enormes y fragantes puertas de ébano tarabiscoteadas de relieves. Desde el momento en que se sentó había respondido positivamente a más de cinco personas que le habían preguntado si el asiento a su derecha estaba ocupado, y ya para el momento en que la sala estuvo repleta había descartado la idea de que la mujer dos filas adelante fuera Leida. En realidad la había descartado en el preciso instante en que el hombre alto se acomodó junto a ella sin mayor esfuerzo, pero no fue hasta que no quedaron más asientos que comenzó a preparar sus decisiones. "Un minuto más" pensó, "Un minuto más, y me largo". Y claro, emprendió los movimientos del cuello, sacando la cabeza fuera de la madriguera y atisbando furtivamente sobre el bosque de cabezas y caras a su espalda. Seguía entrando la gente y aún quedaban personas conversando en los pasillos laterales, pero Leida no aparecía entre ellos, no llegaba Leida a hacerle compañía. Era inevitable que se enderezara de pronto, dispuesto a salir; la acción estuvo dormida debajo de los nervios, disponible desde que vio el tumulto en la entrada. Cuando alcanzó la esquina de la fila, rozando rodillas y pidiendo disculpas, todas las puertas se cerraron como por acuerdo, los tres pares de puertas cegaron toda posibilidad de huída, negras como el pelo de Leida. Al momento las luces se extinguieron con una lentitud que le permitió regresar a su asiento antes de que todo quedara a oscuras. Dispuso apenas del tiempo necesario para ver la mujer enorme que venía contoneando todo su grosor como un oleaje que levantaba en vilo las piernas de los asistentes sentados y se lanzó en el asiento vacío sin preguntar si estaba ocupado o no, y voltearse para ver el telón subir, mostrando un trasfondo que cambiaba de colores. El aullido del público acrecentó a niveles increíbles cuando al final de la entrada alternativa de los músicos hizo su entrada Glenn. Allí estaba, en escena, Glenn simplemente, madeja de rizos húmedos, barba encuadrada a la fuerza, Glenn en rojo, ahora en azul, ahora en verde y la gente aullaba. La mujer dos filas adelante se puso de pie para aplaudir. El hombre a su derecha la imitó. Luego toda la fila y en un santiamén todo el teatro. Sólo él se quedó sentado, hundido aún más en el asiento, sintiéndose más desolado y más ajeno que nunca. Glenn irrumpió con la primera canción y no dio oportunidad de acomodarse en el asiento y prepararse para gritar más fuerte. La primera canción lo ayudó a enajenarse un poco de la realidad, olvidarse un poco de que estaba solo y disfrutar del espectáculo como todo el mundo. No fue así con la segunda, que era una balada romántica más a su estilo, un suave correr de la voz como un vientecillo lánguido pero cargado y denso, rico de aires diversos que trenzan agotadoramente las hebras del oído; su manera de decir *el día en que la lluvia queme, y el mar se seque...*, como un taladro taciturno y gentil, esa suavidad de onda que le tiró a la cara su soledad una vez más, que le recordaba que Leida pudo haber estado ahí, a su lado, que le hablaba continuamente de los brazos de Leida, de las manos de Leida que se hubieran enlazado inmediatamente a las suyas, del pelo de Leida, y tener que contentarse con ver como la mujer dos filas adelante le entregaba los labios al hombre de la derecha sin ceremonia previa (al menos si hubo ceremonia él no la había presenciado, ceremonia antigua, aparte, que nada tenía que ver con el teatro con que estuvieran juntos en una misma fila besándose). Luego la curvatura del respaldo adquirió toda su naturaleza de utensilio y le supo tanto a teatro que ya no pudo ocultarse hundiéndose en el cojín. La posición de la espalda se ligó terriblemente a Glenn, a los aplausos, a las puertas crueles, a las dos bocas juntas dos filas adelante, a la multipresencia amarga de tantos colores en el trasfondo del escenario, al barullo intenso que a todas luces se burlaba impíamente de él. Hubiera querido levantarse, buscar un ujier y explicarle que había una emergencia, que por favor le mostrara la salida más próxima, pero estaba sentado casi en el medio de la larguísima fila del centro y hubiera tenido que incomodar un tremendo número de personas. Con el transcurso del espectáculo fue fundiéndose más y más, involuntariamente, con la histeria general. A principio fue un dejarse llevar lentamente en el vapor del alarido en conjunto que poco a poco fue neutralizando sus sentidos hasta que no fue más que un guiñapo de carne arrastrado en el vaivén de aquella quietud ensordecedora, una inmovilidad de pesadilla en el acto de gritar y retorcerse, un cuadro inmutable por su misma repetición constante, una anestesia general que parecía no tener fin. Dos filas adelante el perfil borroso y brillante de la mujer se había compaginado con el perfil agudo y desteñido del hombre de la derecha en varias ocasiones durante las baladas, acercándose suavemente para formar una sola masa uniforme donde lo único preciso era un beso. A veces era despertado de su letargo por el parloteo chirriante de una mujer a sus espaldas. La mujer gruesa a su lado aplaudía por momentos sin motivos meritorios aparentes, batiendo las palmas con fuerza y sobrellevando un balanceo que recorría todo el cuerpo como un oleaje inconcebible. A pesar de esos leves desvíos pudo llegar intacto al final, cuando el último resquicio del telón le envió un resto de luz azul que lo devolvió con todo su peso contra el tiempo que había esperado a Leida, Leida victoriosa entre las puertas, Leida y el asiento que nunca ocupó. De un envión se sintió completamente huérfano, atado al respaldo como si fuera ya parte del respaldo, una prolongación del asiento, un ornamento de teatro con los inservibles ojos pegados a la mujer dos filas adelante, que se puso de pie para aplaudir mirando sin pudor al hombre de la derecha, pensando sin pensar que Leida definitivamente no había llegado a estar allí con él, que era el fin del concierto y Leida simplemente no llegó. Lo atacó la incertidumbre de cómo saldría de allí con su soledad intacta; fue algo súbito y era necesario encontrar la manera de salir de allí antes que nadie. Se levantó el primero de su fila y arrasó con todas las piernas que le obstruían el paso. Tuvo tiempo de oír algunos de los vituperios que le dirigieron sus vecinos de asiento que se levantaban en ese momento para una última ovación, antes de escurrirse entre los nichos plagados de columnas. Los ujieres abrían las puertas de salida y él saltó fuera oyendo cada vez más lejos el perenne rugido de la sala. Hacía una noche sin estrellas, un solo gigantesco párpado húmedo donde lo único definible era las amarillas luces de las farolas. Vaciló un instante debajo del arquitrabe solemne de la fachada; el auto estaba estacionado a una considerable distancia y al menos cuando caminaba hasta el teatro pudo utilizar la poca luz del ocaso para distinguir el camino. Decidiendo entre callejuelas y callejones ciegos llegó al auto, aquella forma gris, con el sello de la facultad en el parabrisas (tenía que serlo, aquella silueta roja en la esquina inferior derecha), y los bordes traseros carcomidos por el herrumbre. Introdujo la llave esperando el efecto inmediato de la elevación del cierre con su aliviante sonido de dislocación y casi la parte con la potencia del giro. Necesitó todavía dos minutos para convencerse de que la cerradura no iba a ceder, de que probablemente aquel no era siquiera su auto, de que la noche avanzaba y que sería mejor caminar hasta su apartamento, cuya localización era simple, ya que eran rutas que él recorría a diario, y no intentar encontrar el auto en aquel intrincado laberinto de bulevares. Sentía la noche como aceite espeso derramándose tibio a lo largo de la nuca. La idea de llegar a su apartamento se le presentaba como un sueño lejano, un refugio indecible. Curiosa la seguridad de que si hubiera estado Leida el deseo de llegar hubiera sido igual de apremiante que el deseo que tenía ahora que no estaba. Llegó al edificio pensando aún en la duplicidad de Leida: Leida razón de llegada, el cuerpo tan cálido de Leida, Leida lentitud exasperante al desvestirse, Leida sol y cuarto en desorden, y Leida razón de huída, Leida meta en ausencia. Tropezó con la mesa de esquina, volcó el jarrón de las dalias y desvió el retrato de su madre en la pared antes de encontrar el interruptor de la luz. Se derrumbó en el sofá con la pesadez de un prófugo y así se dejó estar por varias horas. Descolgó el teléfono como iluminado por un descubrimiento brusco y marcó con un delirio casi colérico. Contestó la hermana de Leida después de un momento y le ordenó que le pusiera a Leida, que por favor despertara a su hermana, que era importante que hablara con Leida. "No está", respondió la voz adormilada al otro lado de la línea. Apretó con fuerza el auricular contra el oído hasta que le dolió. "¿Cómo que no está?", resonó el estampido en la cristalería de los anaqueles, la madera olorosa del piano, las cortinas abatidas por el viento que venía acompañado de un principio de lluvia. "No ha llegado todavía", respondió la voz con acento de sorpresa. Un largo silencio flotó por un instante en la negra cueva de la línea, sólo el suspiro leve de la estática y entonces: "¿Quién llama?". Colgó el teléfono sin responder, invadido por una tristeza resbaladiza, una carga de orfandad que nunca creyó posible sentir en la soledad de su hogar. Caminó hasta el espejo del pasillo, estudiando la forma vaga y corrida de su cabeza y aun cuando sacó los desvencijados lentes con montura de carey (por más que buscó no encontró los de montura de acero, más livianos y cómodos, redondos, menudos, esos que incorporan elegancia inusitada en el porte y la vestimenta) de la gaveta superior de la cómoda, no pudo reconocerse. Les limpió el polvo de los meses y no consiguió identificarse, no pudo encontrarse en aquella multitud de colores y rasgos, lo mismo que no sentía las manos de Leida explorando entre su ropa, Leida y su olor en la penumbra.

Despuntaba un amanecer verde, el último resto de lluvia goteaba insistente del ruedo de las cortinas o se desperdigaba por toda la estancia cuando un ventarrón las sacudía. Aún sentado en el sofá marcó el número, esta vez con lentitud temerosa. "¿Raúl?", sonó la voz con la mansedumbre del reconocimiento tardío. Hubo un lapso y creyó oír la voz deliberando con otra voz aparte. "Se está cambiando, te llama en cinco minutos", sopló la voz con nostalgia. Se metió en el baño, se desvistió, dobló la ropa con una minuciosidad de desespero y por largo rato no contempló nada en el espejo del botiquín. Alcanzó el jabón en forma de almeja azulada y se jabonó con frenesí las manos, subiendo poco a poco la innecesaria espuma hasta las muñecas y luego hasta los codos. Se enjuagó con un desdén infinito y con tímida dulzura tomó la navaja de afeitar, palpando hipócritamente la áspera presencia de una barba de amanecido. Se quedó absorto en el brillo niquelado de la navaja nueva, las aristas blanquecinas, la supuesta delgadez, y luego de un momento, la enterró en la almeja de jabón. Se sentó en el borde de la bañera con los oídos atentos, cerrados los ojos y los oídos abiertos al esperado timbre. Pensó algo confundido en el escenario multicolor, en su auto, en que había que cerrar aquella ventana porque el agua iba a estropear la alfombra y la madera del piano.

–Dos minutos más–dijo. –Dos minutos más y me largo–.

# EMMA DE MONTCARIS

*"Hasta dónde llega, en la escala de los seres
naturales, la ley del combate, no lo sé; se ha
descrito que los cocodrilos riñen, rugen y giran
alrededor, como los indios en una danza guerrera...
Se ha observado que los salmones machos riñen
durante todo el día..."*
    Charles Darwin, El origen de las especies

*"La joven dispuso de todo lo necesario y, a la
noche siguiente, al ver a Ricardo, le hizo una
seña, que él captó perfectamente."*
    Giovanni Bocaccio, El decamerón

*A Lorena Rivera Orraca*

Alfredo llega a la casa la mañana del sábado, justo cuando
Emma comienza a desvestirse frente al semblante victorioso y
algo macerado de Roger. Hombre y mujer han creído oír una
respiración trabajosa, como un fuelle de barquín, cuando lo abate
el herrero. Malician que ese rumor, en la pequeña aldea de
Montcaris, inaugurará una feroz contienda. Hay en la habitación
una ventana con antepecho; a ella corren, persuadidos de la
amenaza. Afuera ensancha la tierra, erizada de sauces; en los
estrechos márgenes de un puente se debate un rebaño; a lo largo
de un vado las casas muestran fogosos jardines; bajo los pies de
un gigante se dilata una viña. Alfredo ha cruzado la frontera y los
helados picos del lado del Crocce Rossa guiado por los retazos de
un perfume inabarcable; nada ha olido que tampoco haya oído, o

sentido bajo los pies, o visto con colores en el aire, porque los vestigios que siguió no fueron otra cosa que blandas seguridades que se depositaron como polvo encima de los objetos y que él distinguió con facilidad, avanzando sobre ellos como se avanza por una carretera rotulada. Su rostro es el rostro de los que han conocido azarosos techos. Las botas de alpinista sobre las que se yergue lo confirman; oscurecidas por una fina cubierta de liquen, sucias de cerezo silvestre y entretejidas por una brillante red de diminutos arneses, filos y armellas metálicas que rebullen como animadas por la luz del sol. Lleva puestos unos anacrónicos calzones de galopante apenino, cuyas botamangas, ceñidas a la parte superior del calzado, abultadas y enlodadas, le dan un aspecto de soldado rural. Un desmedrado barragán a duras penas alcanza a cubrirlo, sobre la cabeza, un menudo sombrero de fieltro negro aún escurre las tibias aguas del chubasco que lo sorprendió en el camino de Chazzelles a eso de las dos. Roger se ilusiona con la idea de que el recién llegado es un simple romero hambriento que se detiene a pedir caridad antes de proseguir su peregrinación hacia Lourdes, o un limosnero de iglesia que busca enrolarse como jornalero en la feria de Saint Cère. Pero si es vigente en aquella visión el desarrapado que viene de lejos, es no menos reconocible la resolución y la certeza de aquél que, tras muchas penurias, ha llegado a su destino. Emma, insensible al rizoso empaque muscular definido por el calado atuendo, pero aguda en la percepción de rasgos distintivos, conjetura que el extravagante monstruo procede de algún pueblucho de la provincia de Cagli, alegando que sus facciones, postura y reciedumbre corresponden al sabino que aún habita las alquerías de la cordillera septentrional italiana. Informa a Roger que si se ha de tomar en cuenta el reducido radio que sus invisibles encantos rinden vulnerable, la visita del arduo peregrino resulta un admirable fenómeno, y, obligada por una oculta razón, abunda en lo oportuno de la retirada, no olvidando recalcar que, de otro modo, estimará como es debido la perseverancia y la astucia como aspectos destacados en una estirpe proficiente.

A diferencia de muchos, la primera tentiva de Alfredo es drástica. Consiste en alcanzar el correaje de una de sus botas, desatar el grampón para hielo y lanzarlo contra los batientes que sirven de barrera protectora a los espías. El pedazo metálico da en el peinazo superior, lo destroza. Los débiles visillos ceden ante la vigorosa embestida rumiando el consiguiente estruendo de vidrio hecho añicos, y una vez dentro, la oxidada herramienta desgarra limpiamente los encajes bordados, pasa zumbando cerca de las tibias narices de Emma y dilacera con sus púas numerosas el pecho desnudo de Roger. Con apenas tiempo para frotar la mano contra la herida que sangra con lentitud, Roger baja veloz al primer plano de la estancia y se arrima fuertemente a la entrada principal mientras corre desesperado todos los pasillos visibles. Un leve rumor, una vibración momentánea que casi desencaja de los cimientos el adornado dintel, le indica que Alfredo se enfrenta a la cruda realidad de una puerta cerrada y se felicita por la rapidez con que ha llevado a cabo su proyecto. Acto seguido emprende una laboriosa reorganización de la comodidad familiar, amontonando los muebles contra la entrada requerida, diseñando un armazón de cachivaches franceses que sea capaz de detener la brígola romana que aguarda allá entre las vides. Repetida esta operación en la puerta trasera, Roger procede a taponar con jiras desprendidas de tapices y cortinas sin mención los delicados intersticios entre dinteles y cerraduras, y las coyunturas de las bisagras, con el propósito de obturar cualquier tentativa de disolución mecánica por medio de las ingeniosas proezas del caco italiano que muy bien podía dominar Alfredo. Completada esta escrupulosa precaución, digna del más diestro calafateador, sube a las habitaciones donde Emma espera semidesnuda.

Alfredo se convence de la efectividad de la barricada (vista desde ciertos ángulos parece una escultura inextricable), y al comenzar a rodear el edificio para intentar irrumpir por la puerta trasera ve cómo Roger, en el piso alto, utiliza las sederías íntimas de Emma a modo de cubrejunta, aplicándolas a las hendijas de las ventanas, repitiendo su actitud ante las puertas por falta de lastre con qué barricar los frágiles rectángulos. Para Alfredo, Emma al pie de la cama, completamente desnuda, contemplando las precauciones de Roger con la impavidez inquisitiva de un ingeniero, significa olvidar por completo la puerta trasera, que de todos modos es impenetrable, y comenzar a buscar la manera de llegarse a los aleros inferiores del piso alto para deslizarse directamente dentro del dormitorio. Su primer intento, escalar la irregular mampostería, resulta fallido, y maldice en dialecto umbro la ausencia del grampón izquierdo; en algún rincón de las habitaciones de Emma ha de yacer, impregnado de la sangre del pellejo de Roger. Se arranca el grampón restante, que insiste en importunarle los pasos, vuelve la vista sobre las habitaciones y comprueba con alegría que el cuadro sigue inmutable: Roger asegurando ventanales, desprovistos ya de cortinas, y Emma sentada, evaluando. No obstante, la cercanía de las dos unidades le desfigura la paciencia; razona que si pierde un minuto más, Roger consumará un intercambio por el que está dispuesto a malbaratar la aldea entera y que ningún finche diligente habrá de arrebatarle suspicacias de birlibirloque. Enardecido por el robo de una paz que Emma le ha garantizado a distancia, decide escalar el muro izquierdo, en donde hay adosado un enramado de parra que trepa hasta una de las ventanas de la habitación, que, aunque asegurada por Roger, Alfredo podrá desquiciar sin mayor esfuerzo. En el camino tropieza con el cadáver de Orlando y da con las narices por tierra. Orlando precede a Roger. Fama de perpetrador y de zafio y una casa junto a un arroyo le merecieron la reverencia de los arrabales fluviales; en la aldea de Montcaris, el monte de *pêcheur pêcheur*. De alguna manera eludió el encierro; con la vida ha saldado esa indiscreción. Presenta una sola herida, adornándole la cabeza que mana un licor opalino de la fontanela anterolateral, reabierta seguramente con el fragmento de cañería que aún conserva empalmado en el hueso. Muerto, sin duda, a manos de Roger, Alfredo cree prudente vigilar su ascenso en el enramado, porque no había que indagar mucho en el asunto para deducir que Orlando también había escalado la parra, y descendido más aprisa de lo conveniente, recibido por Roger con un certero garrotazo en la testuz. Ejerce sobre los campos un arrogante sol de alta mañana que incomoda con envidiable elocuencia la urgente tarea del día, y Alfredo, que suda como los asnos, se despoja del barragán y arroja lejos de sí el sombrero. Emprendido el ascenso y alcanzada una altura que le permite otear gran parte de los sembradíos, Alfredo columbra la Jaula Oficial, en donde se recluye por orden ministerial (en ocasiones por iniciativa propia) a todo hombre de edad viril que para esa temporada ocupe los predios de la villa, con la intención de evitar, como sucedió en los primeros años del prodigio, que los inadvertidos galanes se exterminen entre sí frente a la dócil morada de la que se llama Emma. En aquellos primeros tiempos las asombradas mujeres catalogaron la turbulencia de los sucesos como el producto de una desaforada casquivanía, pero al cabo no pudieron sino aceptar que a la pobre muchacha le era imposible sofocar su exagerada naturaleza. De manera que erigieron la enorme caja en la que, llegada la época fértil (que enigmáticamente coincide con la vendimia), todos entran marchando ordenadamente, y que se cierra de inmediato y no se vuelve a abrir hasta después de esprimido el fruto (esa y otras labores efectuadas irremediablemente por todas las mujeres, menos Emma), y en ocasiones hasta doce días después. Hasta un lamentable anciano padece la prisión; es el padre de la codiciada joven; nadie escatima el oprobio con tal de ahorrarle el desatino de halconear a su propia hija, o la más asequible desgracia de perecer a manos de un robusto contrincante. Lo curioso entre los pobladores del constreñido recinto (si bien de colosales dimensiones, se ven todos apiñados), es que además de todos estos hombres habitan la Jaula dos mastines que sacuden la muchedumbre a tarascadas hasta conquistar un lugar junto a los barrotes; desde allí, orientados los hocicos hacia la casa, aullan desconsolados. Todo esto y varios niños cuya prematura pubertad deja la puerta abierta a la olorosa locura de Emma y que, confundidos en la gritería y las amenazas, y desconociendo la naturaleza de su novel apetito, estallan sin remedio en una fatigada plañidera. Alfredo comprende, mientras recibe lejanos improperios, que, encerrados los padres vecinales, forzosamente toda visita recibida por Emma provendrá de poblaciones contiguas, como era el caso de Roger, de lejanas tierras, como era su propio caso, o, como en el caso del abolido malechor, de la misma comunidad, en propiedad de avispado fugitivo, situación que angosta las oportunidades del fallo y aumenta la probabilidad de victoria para un candidato provisto de rasgos excepcionales. (Un viajero encontrará el pueblo desierto, las puertas entornadas; un forastero con suerte logrará ver alguna dueña asegurando las fallancas.)

Pero sopesar estas consideraciones no le toma a Alfredo un segundo o dos cuando ya reemprende con renovado ahínco la escalada del emparrado. La podrida estructura se rinde ante sus graves zancadas. Pueden verse los estragos que produjo la intentona de Orlando; Alfredo debe ejercitar la suavidad y la cautela. Echa de menos sus utensilios de alpinista, que fue negociando durante la jornada según la necesidad (los mosquetones a cambio de posada, una tórrida noche en Moûtiers, el *piolet* por un frasco de jarabe...). Alcanzada la canaleta del vierteaguas, Alfredo topa con el apoyo necesario, se impulsa y ensaya un agujero en el vidrio, o mejor, practica la ausencia del vidrio con una violenta puñada. Roger, decidido a demostrar que aunque desprovisto de la fortaleza para combatir a Alfredo cuenta con la maña suficiente para no tener que hacerlo, se ocupa en mil ardides defensivos que harán de la habitación un cuartel infranqueable. Oye un desastre de vidrios; mosqueado, acude a investigar. Penetra en una recámara de bordado (Emma es hábil costurera). Ve en el suelo una floración de cristales, ve a través del capialzado roto la soleada tierra, la Jaula, ve a Alfredo de pie, quieto como un árbol. Huye en busca de un arma, o de algo que así le sirva. Alfredo corre tras él. Emma contempla impasible: recibirá al vencedor como recibe una mujer al esposo que torna de ambiciosas guerras. Intentemos mayor exactitud, digamos que desde siempre conoce y ama al vencedor, sabe de su aptitud, de su perfección, de su victoria; le falta conocer la individualidad del vencedor, la localidad en la que brota con un nombre propio, y esta es la información que sólo el vencido será capaz de proveer. Roger recuerda el fierro con que abarrotó la cabeza de Orlando, ya se apresura a adquirirlo cuando a tiempo colige su paradero. Alfredo le ase el brazo, Roger se zafa, tropieza, cae. Algo relumbra en el suelo: es el grampón con el que hace poco lo hiriera su rival. Lo empuña, se enfrentan. Alfredo no ceja. Roger quisiera cejar, pero Emma observa, y espera. Y Emma es hermosa. En la indistinción de la refriega debe recuperar su indisolubilidad, debe reducir el número de participantes a una cantidad mínima en la que sólo subsista la identidad Roger; una vez obtenida estará en condiciones de presentarse ante Emma para ofrecérsela, y sólo podrá ofrecérsela ofreciéndole el cuerpo inánime de Alfredo. La lucha se prolonga. La escasa destreza de Roger le alcanza para poco: un repertorio de desordenados lances, amenazas, groserías. Alfredo, confiado y paciente, lo evade. Misteriosamente una de las sacudidas logra dañarlo; un corte límpido en la mejilla izquierda. La mano inacostumbrada de Roger no tolera la resistencia que la carne de Alfredo ha impuesto al filo y pierde el instrumento. Alfredo lo usurpa; un pudor ignoto le impide blandir el arma que ha utilizado su enemigo y la arroja por la ventana. Se acerca a Roger despacio. Este comprende que la identidad de Roger no debe prolongarse, o no existe, y se prepara a morir. Las manos de Alfredo le atenazan; en poco tiempo lo ahogarán. Un imprevisto llena a Alfredo de estupor: Roger pide a Emma que intervenga. Un siguiente imprevisto lo maravilla: Emma duda. Alfredo debe apresurarse a disipar aquel fantasma pusilánime; Alfredo mata a Roger. Se vuelve hacia Emma. Casi al mismo tiempo tiene una revelación vertiginosa. Intuye que no ha dormido en rocallosas laderas, disponible a la curiosidad de pastores ferales y al rigor de afortunados lobos, que no ha resistido la mística pululación de Turín, que no ha desafiado el escuálido aire de Levanna ni ha prodigado otros muchos peligros por poseer a Emma; lo ha tolerado todo, el frío y los desfiladeros, por Roger. Ha olfateado las huellas de un sacrificio futuro, cuya ejecución la oscura naturaleza le ha conferido. Ha venido a borrar una propiedad innecesaria del mundo: Roger. Roger a su vez ha eliminado otro atributo redundante: Orlando. Presiente que de algún modo Orlando es hijo de Roger, y que Roger, de algún modo, es su hijo. Presiente que Roger contuvo a Orlando, y que ahora él los contiene a los dos. Concluye que su existencia (desde que empieza), hizo inútiles las existencias de Orlando y de Roger. Refuta esta noción: el infinito universo permite la convivencia de la infinita variedad. Otras han sido las leyes que rigieron su aventura, menos flexibles, más sanguinarias. Emma no ha sido el móvil, Emma ha sido el señuelo del móvil. Emma (pero no ha sido Emma) ha citado a Roger para que sobreviviera a Orlando, a Alfredo para que sobreviviera a Roger. Ha servido para enfrentarlos; serviría ahora para redimirlos. Emma duplica el obstáculo ante el cual Roger (Orlando) es un elemento inservible, el tribuno que otorga a Alfredo su cachaza de verdugo. Emma, de muchas formas, preside el consulado del exigente, ineluctable y siempre económico planeta Tierra. Alfredo también comprende que en todo esto consiste el amor. El rostro de Emma ha dejado de ser un inmóvil acertijo, se ruboriza, expresa amor y tibieza. Alfredo avanza, la toca. Es entonces cuando se escucha el atropellado gorjear de infinitos pájaros.

Algo llega a la casa el mediodía del sábado, justo cuando Emma recibe la primera abrasadora caricia de Alfredo. Se traslada con perezosa magnificencia, como si le costara trabajo trasladarse por completo; su movimiento es el movimiento eterno de las cosas inacabables: la presencia inmediata de un pie colocaría el muslo a siglos de distancia. Lo primero en arribar es un rencoroso rumor expansivo, un intercambio de voces fantásticas, un desafuero de torrenciales picos o una muchedumbre de alas que baten o una nación de aves que se desplaza transversalmente; pero aves no ven por ningún lado. Semeja un himno con la minuciosa calidad de la arena o de la hierba. Corren al antepecho; la Jaula, sobre la tierra, permanece incólume, en el espacio sólo hay luz... Poco les cuenta entender; lo que llega a la casa es la ruidosa luz del mediodía. Esforzándose, logran discernir la silueta de un hombre en un carro de fuego. Fulgurantes caballos se obstinan y se acercan por invisibles avenidas de aire. Emma no cree ingnorar la identidad de Aquél que cerca está y contribuye con un nombre inefable; esta vez, admite, no hay otra que la fuga. Alfredo secretamente alaba la eficacia con que la escandalosa fertilidad de Emma consigue convocar los más propicios habitantes de la tierra, y del cielo. Teme, *pero no sabe a qué, o por qué*. Toscamente aduce que el miedo se fundamenta en la esperanza; seguidamente descubre que la única eventualidad con la que puede esperanzarse es la muerte; objeta que la muerte no es factible. Si Aquello lo vence, comprobará que lo prefigura, que lo implica. El vencido perdurará en el vencedor. Si huye, se convierte en un réprobo, en una sombra, en el excedente irreal de la suma legítima, más vasta. Alfredo querría que este galbanoso consuelo aportara la resignación suficiente para afrontar su inaplazable (y al cabo ilusoria) destrucción, pero ha probado el contacto de la piel de Emma, y ha sido suave, y ha sido blando. La noche se cierne con premura en otros lugares; en la pequeña aldea de Montcaris, sobre sus exiguos campos, el abominable y enamorado sol de las doce inicia su cortejo. Alfredo se apresta a la batalla.

## NOTA FINAL

*Agradecemos el apoyo incondicional que los escritores participantes dieron desde un principio a esta Antología, y a José Angel Rosado por aceptar el reto y hacer de esta empresa una búsqueda común de espacio para la nueva cuentística y crítica literaria en Puerto Rico.*

*Agradecemos también a Carmen Lugo Filippi y Alberto Sandoval por inspirar y auspiciar los inicios de este proyecto, a Ramón Luis Acevedo por su generosidad intelectual y solidaria, a Rafael Acevedo por sus pertinentes observaciones críticas, y a Ivette Hernández Torres y Pedro Antonio Valdés quienes realizaron valiosas lecturas estilísticas del manuscrito.*

*Un reconocimiento muy especial a la pintora dominicana Luz Severino, quien realizó el arte original de la portada, a la fotógrafa Alina Luciano, quien captó el espíritu del libro y sus cuentistas, y a la ceramista Doris Lugo por proponer el título del mismo.*

*Finalmente, reconocemos a la Editorial de la Universidad de Puerto Rico por creer en un nuevo tipo de cooperación editorial y en esta alternativa antológica como su mejor ejemplo.*

*Isla Negra, Editores*